Aparecida

LINA BOFF

Aparecida

300 ANOS
DE ROMARIA EM PRECE

Paulinas

Dados Internacionais de Catalogação na Publicação (CIP)
(Câmara Brasileira do Livro, SP, Brasil)

Boff, Lina
  Aparecida : trezentos anos de romaria em prece / Lina Boff. – São Paulo : Paulinas, 2017.

  ISBN: 978-85-356-4258-2

  1. Maria, Virgem Santa - Devoção 2. Nossa Senhora Aparecida - Culto 3. Nossa Senhora Aparecida - História 4. Peregrinos e peregrinações - Aparecida (SP) 5. Santuário de Nossa Senhora da Aparecida I. Título II. Série.

16-00176   CDD-232.91

Índice para catálogo sistemático:
1. Nossa Senhora Aparecida : Culto : História : Religião   232.91

1ª edição – 2017
1ª reimpressão – 2017

Direção-geral:	Bernadete Boff
Editora responsável:	Vera Ivanise Bombonatto
Copidesque:	Ana Cecilia Mari
Coordenação de revisão:	Marina Mendonça
Revisão:	Sandra Sinzato
Gerente de produção:	Felício Calegaro Neto
Projeto gráfico:	Manuel Rebelato Miramontes
Diagramação:	Jéssica Diniz Souza

Nenhuma parte desta obra poderá ser reproduzida ou transmitida por qualquer forma e/ou quaisquer meios (eletrônico ou mecânico, incluindo fotocópia e gravação) ou arquivada em qualquer sistema ou banco de dados sem permissão escrita da Editora. Direitos reservados.

Paulinas
Rua Dona Inácia Uchoa, 62
04110-020 – São Paulo – SP (Brasil)
Tel.: (11) 2125-3500
http://www.paulinas.org.br – editora@paulinas.com.br
Telemarketing e SAC: 0800-7010081

© Pia Sociedade Filhas de São Paulo – São Paulo, 2017

Sumário

Prefácio 9

Contando uma história de fé 11

I. Pescadores de uma santa 15

II. Uma santa da cor das mulheres escravas 33

III. As famílias começam a se reunir em torno da santa 57

IV. As velas se apagam e se acendem sozinhas 73

V. A fé do escravo 91

VI. A menina cega vê a capelinha da Senhora Aparecida .. 107

VII. A pedra preciosa da conversão 121

VIII. A Mãe Aparecida é Rainha e Mãe dos pobres 137

IX. À Mãe Aparecida nos consagramos para servir 159

Conclusão 177

Bibliografia de referência 181

Virgem e Mãe Maria,
vós que, movida pelo Espírito,
acolhestes o Verbo da vida
na profundidade da vossa fé humilde,
totalmente entregue ao Eterno,
ajudai-nos a dizer o nosso "sim"
perante a urgência, mais imperiosa do que nunca,
de fazer ressoar a Boa-Nova de Jesus.
[...]
Mãe do Evangelho vivente,
manancial de alegria para os pequeninos,
rogai por nós. Amém. Aleluia!

PAPA FRANCISCO
A alegria do Evangelho

Prefácio

Há trezentos anos, no Rio Paraíba do Sul, três pescadores já desanimados, depois de terem tantas vezes lançado a rede, retiraram das águas, em dois lugares diferentes, pedaços de uma imagem de Nossa Senhora da Conceição. A imagem era uma das muitas criadas da argila, no século XVII, por piedoso e hábil artesão. Os três pescadores, João, Domingos e Felipe, meditaram longamente o fato, como depois deles tantos e tantos outros.

Lina Boff também retoma e leva adiante a meditação, ajudando-nos a aprofundar aspectos que, em nossa pressa, nem sempre levamos em conta. Como guia experiente e sábia, leva-nos devagar, passo a passo, chamando nossa atenção para a história do encontro, pelos pescadores, da imagem da Virgem da Conceição no Rio Paraíba. Aponta-nos os significados ocultos no conjunto artístico do santuário, chama nossa atenção para as mulheres da Bíblia, no Antigo Testamento, e para as mulheres de hoje, as quais nos ajudam a melhor compreender Maria, Mãe de Jesus e esposa de José. Maria que é, também, nossa Mãe, que nos fala de libertação, de solidariedade, da valorização da mulher, do índio e do negro, e da pobreza simples e tão rica de nosso povo.

Conta-nos como, desde o primitivo oratório na casa de Felipe Pedroso, as famílias deixaram-se atrair por aquela imagem que, de certo modo, era a imagem do próprio povo humilde. Fala dos milagres, que eram sinais de Deus: as velas, a corrente do escravo, a menina que começou a ver, o cavaleiro atrevido. Sinais que ainda nos podem ajudar a ler os caminhos de Deus, e que têm continuidade nas graças testemunhadas com os ex-votos deixados pelos peregrinos na Sala das Promessas.

Com sua meditação, Lina ajuda-nos a orar. Ajuda-nos a rever os fatos, a nossa vida, a vida de todos, para louvar, pedir e olhar o futuro com esperança. Por fim, a autora ajuda-nos a aprofundar o sentido da consagração a Nossa Senhora Aparecida, todos os dias, piedosamente acompanhada e rezada por tantos brasileiros.

Caros leitores e caras leitoras, percorram estas páginas devagar, orando e cantando com suas belas sugestões. A leitura do texto de Lina Boff nos ajuda a fazer parte do imenso coro de homens e mulheres que, nesses trezentos anos, cantaram e cantam "Viva a Mãe de Deus e nossa, a Senhora Aparecida".

Aparecida, 22 de outubro de 2016.
Memória de São João Paulo II
Dom Raymundo Cardeal Damasceno Assis
Arcebispo de Aparecida-SP

Contando uma história de fé

Trata-se de narrar a história da Mãe Aparecida e de saber como o santuário a ela dedicado passou a ser o centro nacional da fé do nosso povo, do culto ali prestado a Nossa Senhora e da devoção que aponta para seu filho Jesus. É a história que milhares e milhões de peregrinos sabem, e recordam com fé as graças que, por intercessão da Mãe junto a seu filho, Jesus, derramou sobre todas as pessoas que a invocaram.

Nas romarias as pessoas refletem sobre sua vida e transitam no seu coração para se encontrarem a si mesmas. Fazer uma reflexão significa meditar tanto sobre as coisas mais simples como as mais complicadas da própria vida, da vida da sociedade e do mundo para buscar um sentido profundo de como viver.

A vivência da fé, do culto e da devoção a Nossa Senhora, que nos aponta Jesus, significa trazer para o tempo presente as experiências que nos deram vitalidade e também aquelas que atrapalharam a nossa caminhada de vida. Trata-se de revitalizar todas as dobras do nosso coração, dentro das quais se escondem as nossas conquistas, mas também os nossos fracassos e frustrações.

Para refletir e vivenciar todo esse processo de vida, a história vai ser apresentada através do entrelaçamento de fatos significativos que começam com o encontro da imagem de Nossa Senhora da Conceição Aparecida nas águas do Rio Paraíba do Sul, prolongando-se até nossos dias. Todo esse caminho de romaria é feito com celebrações, rezas, ladainhas, invocações e cantos de louvor, de ação de graças e de súplicas à Mãe que ouve a todos e que para cada um tem seu recado de Mãe amorosa.

A Mãe Aparecida é modelada pela fé do povo romeiro

A fé do povo que acorreu e continua acorrendo ao Santuário é manifestada das formas mais criativas. O povo romeiro inventa, cria seu modo próprio de expressar sua confiança na intercessão da Mãe. São momentos e eventos acompanhados de cantos em clima de festa e cheios de gestos de carinho, em que os romeiros rezam junto à Mãe contando-lhes as peripécias de suas vidas, de seus encantamentos de fé e de suas súplicas de intercessão pelas angústias por que passaram e continuam passando.

As histórias das pessoas que fazem peregrinação ao Santuário de Aparecida são motivadas pela fé na pequena imagem da

Aparecida

Santa Negra encontrada no fundo das águas do Rio Paraíba. E essa fé, por sua vez, é fundada no modo miraculoso com que os três humildes pescadores invocaram a santa, que se manifestou a eles através de sinais a que chamamos de milagres.

Os três humildes pescadores tinham por nome: João Alves, Domingos Garcia e Felipe Pedroso, e eram moradores do Porto de Itaguaçu, no Rio Paraíba, onde foi encontrada a pequena imagem. Em razão da história de como a imagem da santa foi encontrada nas águas do Rio Paraíba, a história da cidade de Aparecida ficou diretamente ligada à história dessa imagem que deu origem a toda essa trajetória de fé, culto mariano e devoção.

A cidade de Aparecida atrai uma multidão de romarias, que chegam ao Santuário de todos os cantos do país e também do mundo. Muitas e variadas são as formas com que o povo cria e recria seu jeito e modo de agradecer a Santa Virgem pelas graças recebidas.

A força da fé e da esperança, que povoa o universo simbólico de tanta gente que se atreve a fazer longas caminhadas a pés descalços, feridos e machucados, tem por destino chegar perto da Mulher que dá sentido à sua vida. A peregrinação faz o povo romeiro descansar por alguns dias ou por algumas horas do cansaço que a vida lhe impõe, para, depois, retomar a caminhada. A Rainha e Mãe dos pobres nunca deixa que alguém que a ela recorra fique desamparado e esquecido.

I | Pescadores de uma santa

Os três notáveis pescadores de peixes começaram seu pesado e tenso trabalho pescando uma santa. Os três haviam recebido a ordem do patrão de preparar um saboroso e nobre jantar para o poderoso conde de Assumar, de passagem pela Vila de Guaratinguetá a caminho de Vila Rica, atual cidade de Ouro Preto, onde iria assumir o cargo de governador da Capitania das Minas Gerais.

Como os peixes não apareciam nas suas redes, desceram o curso do rio até chegarem ao Porto de Itaguaçu. Os três já estavam quase desistindo da pescaria para o tal jantar do conde de Assumar. Até que um dos pescadores, João Alves, jogou a rede novamente e, em vez de peixes, apanhou o corpo de uma imagem.

À primeira vista, a imagem lhe era desconhecida. Em seguida, constatou, com os seus outros dois companheiros, ser aquele objeto o corpo de uma santa sem cabeça. Pelo manto com que a imagem estava envolvida e por sua postura celestial, de mãos postas para o céu, os três pescadores concluíram que se tratava realmente de uma santa, a Santa Virgem Maria, que é hoje a Mãe Aparecida, padroeira do Brasil.

A Mãe Aparecida não é apenas a grande patrona, a padroeira, mas é também a Grande Madre, a Mãe que abraça cada filha e cada filho que vem até ela. Ela é a patrona, a *Mater* que vem da linhagem das Grandes Mães e das célebres Matriarcas do Antigo Testamento até a Santa Mãe, Maria de Nazaré, que deu à luz ao Salvador de toda a humanidade.

Ao trono acorrendo da Virgem Maria,
Exulta o Brasil de amor e alegria.

Refrão: Ave, ave, ave, Maria! Nossa Senhora Aparecida!

Dois séculos faz, à terra ela vinha
Dos nossos afetos ser doce rainha.

O rio Paraíba recebe o favor
Imenso tesouro a Mãe do Senhor.

Nas curvas de um M, no rio brasileiro
Maria aparece à luz do Cruzeiro.

Maria na rede de três pescadores
vem ser prisioneira de nossos amores.

E a santa Senhora em tosco altarzinho
é logo cercada de prece e carinho.
(DR)

Quem é essa santa

Fazendo uma visita ao Santuário, pode-se conhecer a santa na sua linhagem ou, como se diz, na sua origem humana. Quando chegamos à esplanada da imensa Praça do Santuário de Aparecida, a primeira coisa que o romeiro e a romeira buscam é visitar o Portal da Virgem Mãe Aparecida. Ele é todo feito em porcelana e ouro branco, formando um grande sol. No centro desse Trono, como é chamado, há um nicho em metal, na forma de água e peixes, que indica a grande pesca milagrosa, onde apareceu, em duas partes, o corpo e a cabeça da Senhora Aparecida.

No mesmo quadro em que está o nicho da Mãe, temos a presença de Deus, que se revela através do sopro dos três arcanjos: Gabriel, Miguel e Rafael. A luz, a água em forma de ondas ao redor do Trono da Virgem e o barro do qual a santa foi retirada compõem o divino significado do encontro da Mãe Aparecida no Rio Paraíba e deixam transparecer a beleza dos elementos da natureza que rodeiam a santa negra. Não se pode deixar de observar esses detalhes ao rezar e entrar em contato com a Mãe Aparecida, que espera o filho ou a filha que acorrem a ela.

Continuando nossa visita, encontramos, ladeando, à direita do Trono de Nossa Senhora, as mulheres do Antigo Testamento, que prefiguram a origem da Mãe Aparecida, e, à esquerda, a figura das mulheres do Novo Testamento.

As mulheres do Antigo Testamento são as Grandes Mães: Eva, Agar, Sara e Rebeca. A Mãe Aparecida vem da linhagem de todas essas mulheres, e ela concebeu o Filho de Deus, o Messias esperado, quando o povo hebreu ainda vivia num clima voltado para a experiência do Êxodo, que prolongava a expectação do Messias prometido pelos profetas.

Os profetas apontavam para uma libertação que viesse realizar a esperança alimentada pelo povo de Israel durante séculos e milênios.

Tenta-se viver um tempo novo de abertura e de esperança indicado pelas mulheres que iremos descrever a seguir.

Tirar Maria do cativeiro

Conhecer as mulheres que precederam Mãe Aparecida é tirar Maria do cativeiro em que foi colocada. Significa dizer que é importante reconhecer as filhas de Israel que tiveram um papel de cuidado amoroso, de guarda atenta e de libertação junto a seu povo. Aquelas que tiveram a coragem de realizar grandes e pequenos feitos em favor de seu povo.

Esses gestos têm uma ressonância bastante significativa para nós, hoje, porque apontam para a nossa missão diante do povo e evocam a missão da Mãe Aparecida para com as pessoas que recorrem a ela nas muitas romarias realizadas nesses trezentos anos, que simbolizam uma história de fé e de misericórdia para todos.

Quem são as Grandes Mães

São aquelas que deram início à humanidade. Nós as chamamos de Grandes Mães porque foram mulheres generosas, a ponto de darem a própria vida pela vida dos filhos e filhas que Deus lhes mandava. Nesse sentido, queremos destacar essas figuras.

Eva, a mãe de todos os viventes

Ela foi a esposa de Adão e deu origem à maternidade inicial da humanidade, segundo a Sagrada Escritura. Admira-se nesta mulher a vocação de ser mãe de todos os viventes da terra e conservar-se incólume em meio a tantas interpretações controvertidas que recebeu e continua recebendo até mesmo em nossos dias.

Agar, a escrava egípcia

Agar servia na casa de Abraão e Sara, e foi ela que deu descendência a Abraão com seu filho Ismael. Tendo sido despedida de casa por não se entender com Sara, fugiu para o deserto, levando seu filho com ela.

E, então, o Anjo do Senhor aparece para Agar e lhe promete que seu filho se tornaria pai de uma grande nação e, no momento em que isso acontece, irrompe-se um poço com água cintilante, salvando da morte mãe e filho.

Essa situação de sofrimento e abandono está ligada ao nome de um poço com água no momento em que Agar clama por Javé. Esta figura aponta para o fato de que Deus não cessa de ver e compadecer-se com o drama da vida humana, porque ele está sempre próximo de nós.

Sara, esposa de Abraão

Seu nome significa mulher de alta hierarquia, princesa. Mesmo sendo de idade avançada, e contra a própria falta de fé e de esperança, ela consegue dar descendência ao marido gerando a Isaac. O autor da Carta aos Hebreus interpreta o nascimento de Isaac como uma recompensa de Javé a Sara, que, mesmo tendo duvidado ao ser avisada de que iria ser mãe, refletiu sobre o aviso recebido pelos amigos de Abraão e considerou fiel o autor da promessa, Javé, ou seja, ela acreditou na fidelidade divina.

Rebeca, mãe de Jacó, o povo de Israel

O nome Rebeca significa: mulher que atrai as pessoas por sua beleza e virtudes. Era sobrinha-neta de Abraão, que se preocupava em dar uma esposa digna a seu filho Isaac.

Com tal finalidade, pediu a seu servo Eliezer que fosse ter com seus parentes para encontrar a esposa de seu filho Isaac.

Irromperam as qualidades de Rebeca quando esta recebeu Eliezer na casa de seu pai. Nessa ocasião, ela ofereceu água a toda a comitiva de Eliezer e aos camelos que vinham carregados de mantimentos para a viagem. E Eliezer sentiu que sua oração de súplica feita a Javé, a fim de encontrar uma boa esposa para o filho de seu senhor, estava sendo atendida.

Depois de falar com o pai de Rebeca, este consentiu que a filha partisse na comitiva do servo de Abraão para conhecer Isaac, seu futuro esposo.

Rebeca foi fecunda na sua descendência e gerou dois filhos: Esaú e Jacó, o homem que deu descendência ao povo de Israel, de onde proveio o Messias, da descendência de Davi.

Portanto, essas são as Grandes Mães que encontramos ladeando, à direita, o Trono da Mãe Aparecida, e como que abrindo alas para deixar a Santa Mãe de Deus passar e chegar até seus filhos e filhas, que a acolhem com aclamações e súplicas. Para que o povo de Israel pudesse ver o Messias e acreditar nele como o Filho de Deus encarnado, as Grandes Mães precisavam resgatar a origem humana de Maria de Nazaré e torná-la sempre mais próxima de todos nós, ou seja, precisavam tirá-la do andor e trazê-la para junto de nós em nossa caminhada rumo à Casa do Pai.

Olhando para o exemplo das célebres matriarcas

Do ponto de vista que estamos abrangendo, a palavra matriarca se refere à mulher que vem dos antigos tempos. Ela se identifica como a mulher da coragem diante do perigo, a mulher que enfrenta o inimigo para libertar seu povo.

Exerce um poder que não pode ser confundido com a força política, que enfrenta a batalha para ganhar a guerra em favor de si própria. Ao contrário, ela exerce um poder que se faz serviço ao povo ao qual pertence. Com a intuição e sensibilidade que são próprias da mulher, percebe o perigo e o risco que seu povo corre diante do inimigo.

Levada por seu amor profético, quer dizer, corajoso e intrépido, de maneira inteligente, racional e ao mesmo tempo materna e afetiva, busca meios, parcerias e patrocínios, tanto de Javé como das pessoas que a cercam e a conhecem, para dar uma diretiva ou uma resposta a tempo e a hora, antes que o perigo avance contra seu povo.

Ao levar em conta a prática corajosa e destituída de receios gratuitos, tais gestos de fé e de confiança em Javé têm uma ressonância que pode ser vislumbrada na Mulher de Nazaré, que se abre livremente ao projeto divino e dá uma resposta definitiva à obra dos séculos, que é a encarnação do Verbo para a salvação de toda a humanidade.

Para apresentarmos algumas dessas matriarcas do Antigo Testamento que prefiguram a Santa Mãe de Deus que invocamos como Mãe Aparecida, nesses seus 300 anos de encontro com seu povo do Brasil e do mundo, vamos falar um pouco dessas mulheres e da sua antecipação que repercute na continuidade dos gestos de Maria de Nazaré como mãe e como discípula do Filho amado.

Maria, a irmã de Moisés

Todos conhecem a vitoriosa passagem do Mar Vermelho em direção à terra prometida. Após ser feita esta travessia, para render graças a Javé, Maria, a profetisa, tomou na mão seu tamborim e todas as outras mulheres a seguiram, cada uma com seu tamborim, formando coros de dança que entoavam: "Cantai a Javé, pois de glória se vestiu" (cf. Ex 15,20s).

Cantemos ao Senhor que fez brilhar sua glória!
Cantemos ao Senhor que fez brilhar, fez brilhar sua glória!

Ao Senhor quero cantar, pois fez brilhar a sua glória
Precipitou no Mar Vermelho o cavalo e o cavaleiro
O Senhor é minha força, é a razão do meu cantar
Pois foi ele neste dia para mim libertação

O Senhor Deus é um guerreiro, o seu nome é onipotente
Ele é meu Deus e o louvarei, Deus de meu pai e o honrarei
Os soldados e os carros do faraó afogou no mar
Seus melhores capitães afogou no mar, no Mar Vermelho

Afundaram como pedras e as ondas os cobriram
Ó Senhor, o vosso braço é duma força insuperável
Ó Senhor, o vosso braço esmigalhou os inimigos
Ó Senhor, o vosso braço esmigalhou os inimigos

Vosso povo levareis e os plantareis em vosso monte
No lugar que preparastes para vossa habitação
No santuário construído pelas vossas próprias mãos
O Senhor há de reinar eternamente pelos séculos

E, assim, a profetisa Maria foi arrastando atrás de si todas as mulheres, crianças e homens para render graças pela vitoriosa passagem de seu povo pelo Mar Vermelho.

A irmã de Moisés mostra esta determinação e criatividade em tomar a dianteira e arrastar atrás de si todas as mulheres e o povo que aí se encontravam depois da passagem do Mar Vermelho. Eles não se contentaram apenas com o canto de Moisés e os israelitas, queriam fazer ouvir também sua voz de ação de graças.

Não sabemos se o canto de Maria, que dançava e cantava com as outras mulheres, se reduziu a um estribilho ou se foi longo como o canto de Moisés com os israelitas.

Rute, a mulher estrangeira

Esta também foi uma mulher ousada. Seu nome quer dizer amiga, companheira. Toda a sua história é repleta de ternura e atenção, e se desenrola no quadro simples e pitoresco do campo e das aldeias. Tendo sua família passado por muito sofrimento e mortes de parentes, o núcleo familiar de Rute se reduz a três viúvas: Noemi e as duas noras, Orfa e Rute. Rute ficou com sua sogra Noemi.

A miséria e a fome obrigaram Rute a rebuscar no campo de um parente próximo de seu sogro Elimelec, Booz. Este é conquistado pelo amor de Rute e, num admirável quadro campestre e folclórico, os dois se encontram, se desposam, se amam e dão à luz um filho, Obed, que assume a descendência davídica que encontramos em Mateus: "Obed gerou Jessé, Jessé gerou Davi" (Mt 4,17).

Segundo a interpretação dada pelos estudiosos e estudiosas da genealogia de Jesus, a mulher estrangeira torna-se instrumento do Espírito na História da Salvação porque Rute, a mulher pequena diante dos olhos humanos, passa a ser sinal da esperança messiânica e prefiguração da pequenez de Maria de Nazaré, para a qual Deus fez grandes coisas.

Tal episódio ressoa na vida de Maria de Nazaré no texto da genealogia em que damos de encontro com uma interrupção, que traz a descendência matriarcal na frente da patriarcal. Era lei que o pai fosse colocado antes da mãe. A citação é clara em Mateus, quando ele escreve: "Jacó gerou José, o esposo de Maria da qual nasceu Jesus" (cf. Mt 1). Com base nesta citação, vê-se que Cristo vem na contramão da História da Salvação e à margem de todo um povo que foi escolhido por Javé para ser sua herança.

Maria encontra-se fora da estrutura da Aliança, mas é por ela que o Cristo Salvador vem para toda a humanidade. A mulher, naquele tempo, era vista só como a procriadora de filhos e filhas e tinha como visibilidade o ventre crescido, e, a partir daí, é invertido o andamento das coisas e das leis criadas e ditadas pelos patriarcas. A matriarca trouxe o Salvador, e não o patriarca.

Esta atitude mostra que Maria, longe de ser uma mulher passiva diante da própria lei que impede a caminhada histórica do povo, não duvidou em afirmar que o amor do Senhor se estende de geração em geração e sobre todos aqueles que o temem.

Ana, mãe de Samuel

Ana era faminta pela descendência de seu marido Elcana. Sua serva Feena dava filhos a seu marido Elcana e ela nada podia fazer diante dessa situação. Todos os anos, quando iam ao templo, Elcana dava a Feena uma oferta maior porque ela tinha boa descendência. Este fato deixava Ana muito sentida e amargurada.

Ainda que seu marido Elcana lhe demonstrasse amor incondicional dizendo-lhe: "O amor que tenho por ti, Ana, é maior do que muitos filhos que você possa me dar. Não te basta esse meu amor?". Mesmo assim Ana não se consolava. Resolveu ir ao templo sozinha e, diante do Santo dos Santos, se derramou em lágrimas e preces com estas palavras:

> *O meu coração exulta em Javé... a minha boca se escancara contra meus inimigos, porque me alegro em tua salvação. Não há Santo como Javé e Rocha alguma existe como o nosso Deus. Não multipliqueis palavras altivas, nem brote dos vossos lábios a arrogância... O arco dos poderosos é quebrado, os debilitados se cingem de força. Os que viviam na fartura se empregam por comida, os que tinham fome não precisam trabalhar... É Javé quem empobrece e enriquece, quem humilha e quem exalta. Levanta do pó o fraco e do monturo o indigente, para os fazer assentar-se com os nobres e colocá-los num lugar de honra... Ele guarda o passo dos que lhe são fiéis, mas os ímpios desaparecem nas trevas, porque não pela força que o homem triunfa (1Sm 1,2–2,21).*

Esta súplica de Ana é considerada a continuidade da presença do Senhor na missão de cada mulher do Antigo Testamento, missão que irrompe com a vinda de Jesus no meio de seu povo pelo Mistério da Encarnação, que se revela em Maria de Nazaré, cultuada com o título de Nossa Senhora Aparecida.

Por esta afirmação, sabe-se de que Nossa Senhora é uma só, ainda que receba vários nomes e títulos, dados pelo povo de acordo com sua cultura, e muitas vezes leve o nome do lugar onde apareceu, segundo a fé de cada região.

O evangelista Lucas, que tinha uma fonte própria de pesquisa para escrever seu Evangelho, adaptou do cântico de Ana, mulher de Elcana, o lindo cântico do *Magnificat*, que ele mesmo, com sua comunidade, colocou nos lábios de Maria de Nazaré. É o cântico mais proclamado e cantado nas comunidades de fé e no meio do povo que celebra o Senhor das pessoas pequenas e fracas, através das quais Deus faz grandes coisas para todos os povos que louvam e proclamam que ele é o dono da vida.

A rainha Ester

Ester apresenta-se diante de Assuero, rei da Pérsia, para tentar realizar sua arriscada missão de embaixatriz a favor da justiça e da salvação do seu povo. Para conseguir seu intento, a rainha Ester abandona suas vestes suntuosas, para vestir-se com roupas de aflição e luto, humilhar-se e cobrir seu corpo com os longos cabelos com que costumava adornar-se, para aparecer em público, com a fronte cingida pela coroa real.

Fazendo isso, suplica ao Senhor Deus de Israel em favor de seu povo com estas palavras de fé e de esperança:

> *Ó meu Senhor, nosso Rei, tu és o único! Vem em meu auxílio, pois estou só e não tenho outra proteção fora de ti, pois vou expor minha vida. Aprendi desde a infância no seio de minha família que foste tu, Senhor, que escolheste Israel entre todos os povos e nossos pais entre todos os antepassados para ser tua herança perpétua: e os tratas-*

te como lhes prometeste. Diante daqueles que querem o nosso fracasso até a morte, salva-nos a nós e a meu povo, com tua mão poderosa! Vem em nosso auxílio, pois, estamos sós e nada temos fora de ti, Senhor! ... Tu sabes o perigo por que passamos... Vem em nossa ajuda, vem! (Est 4,17q-17kk).

A juíza Débora

O nome Débora quer dizer "abelha". Esta visita as flores para formar seu favo de mel. O simbolismo que traz em seu nome é muito rico: a abelha é organizada, laboriosa e infatigável. Não se submete porque tem asas e canto. Sublima o seu trabalho em mel imortal. É o quanto basta para conferir ao mel o elevado alcance espiritual que este representa, fruto de seu labor incessante, paralelamente ao simbolismo temporal. Operárias da colmeia, as abelhas asseguram a perenidade da espécie.

Cabe sublinhar que, por causa de seu mel e de seu ferrão, a abelha é considerada o emblema de Cristo: por um lado, revela sua doçura e sua misericórdia e, por outro, o exercício de sua justiça na qualidade de Cristo-juiz.

Débora era profetisa e exercia a função de juíza em Israel. Sentava-se debaixo da palmeira, na montanha de Efraim, e os israelitas iam ter com ela para que lhes servisse de árbitro, defendesse suas causas que exigiam justiça. Débora exerce, enfim, uma atividade política.

Diante de um juiz sem qualidades para defender a causa do povo de Israel, será uma mulher a revelar a proximidade de Deus a um povo oprimido. Depois de uma dura e sangrenta batalha, Débora abre seus lábios e eleva sua voz de vitória numa composição hínica, isto é, em forma de hino, ao Deus que se revelou ao povo num momento de perigo e morte:

Bendizei a Javé! Já que os guerreiros se consagraram a Deus
e o povo, espontaneamente, se apresentou, bendizei a Javé!

Javé, quando saíste em campo, quando avançaste nas planícies de Edom,
A terra tremeu, troaram os céus, as nuvens desfizeram-se em água.

Os montes deslizaram na presença de Javé, diante de Javé, o Deus de Israel!

Renunciava-se nos campos, renunciava-se em Israel, até que te levantaste,
ó Débora, e te colocaste em favor de teu povo: bendizei ao Senhor Javé!

Este episódio bíblico ressoa, juntamente com o trabalho atento e cuidadoso em favor das necessidades humanas de um povo. Assim foi o caso do povo de Israel, que não encontrava alguém com competência, fé e confiança para tomar a frente de uma situação na qual estava em jogo a sorte de uma nação inteira.

A figura da juíza Débora ecoa nos gestos atentos de Maria nas bodas de Caná. Ela envolve famílias que representam o povo do tempo histórico em que Jesus pregava o Reino a todos. Mas mesmo nessa particular situação de constrangimento para os noivos, Maria não deixa faltar o vinho. É uma mulher que toma a frente da causa e resolve a seu jeito.

Concluindo

Vimos, em primeiro lugar, que os três humildes pescadores foram personagens de grande repercussão devocional para as famílias da pequena aldeia por onde passava o Rio Paraíba. O encontro da pequena imagem deve-se a eles e à persistência deles em pescar, ainda que indo contra as forças da natureza, que não prometia peixes naquele dia.

A seguir, temos o resultado do esforço dos pescadores que, movidos pela fé, souberam ler o sinal da revelação divina que estava entre suas mãos cheias de calos, mas abertas ao dom de Deus, que tirava do cativeiro a humanidade de Maria e a colocava no meio de seu povo pobre e esquecido.

Nesse sentido, tirar Maria do seu cativeiro é tomar conhecimento de que a Mãe Aparecida tem descendência e pertence a uma grande família, que chamamos de linhagem. Significa dizer que ela está ligada às outras mulheres da Bíblia que viveram antes dela. Maria não "caiu" do céu pronta, do jeito que a vemos no andor.

Tivemos ocasião de apresentar, brevemente, as Grandes Mães: mulheres que arriscaram a própria vida para dar vida ao povo de Israel. Elas estiveram presentes bem no início da humanidade, especialmente na geração do povo que Javé havia escolhido para ser seu. Essas mulheres não tiveram medo de arriscar até a sua incapacidade de serem mães, ou porque já eram de idade avançada ou porque ninguém mais acreditava nelas.

Falamos também das grandes matriarcas bíblicas. São assim chamadas porque são tidas como a base da família ou da sociedade. São aquelas mulheres que, no seu tempo, souberam interpretar o que Deus queria que elas fizessem para seu povo. Tanto as Grandes Mães como as matriarcas tiveram a coragem de se colocar do lado do povo, quando este passava por dificuldades ou quando corria perigo de ser destruído pelo inimigo.

A Mãe Aparecida vem dessa matriz, só que em outro tempo, em outra cultura e no meio de um povo bem diferente desse do tempo das Grandes Mães e das matriarcas bíblicas.

Citamos a história Sagrada da Mãe Aparecida, a partir do Rio Paraíba, no primeiro capítulo. Pudemos confirmar a nossa fé no poder desta Mãe que participa do poder de fazer milagres de seu filho Jesus, quando ela se deixou pescar pelos três humildes pescadores do Rio Paraíba.

Enfim, ainda hoje ela nos olha com carinho e misericórdia, para atender os nossos pedidos e até mesmo os nossos desejos. Por tudo, sentimos o vigor da nossa gratidão ao Pai e à Mãe de seu Filho, para cantar agradecendo o *Magnificat* de Ana nos lábios da Mãe Aparecida.

II Uma santa da cor das mulheres escravas

A escravidão se apresenta a nós com uma cor escura e até mesmo preta. A santa encontrada nas águas do Rio Paraíba estava quebrada e sem cabeça. Mas por que o corpo não tinha cabeça? Com base nas pessoas romeiras que alimentam sua fé na Mãe Aparecida e nas muitas interpretações dadas a esse fato da Santa Negra, ao longo desses trezentos anos de história de fé, é possível explicar esse acontecimento.

A escravidão vivida pelo povo naquela região, assim como em todo o Brasil, tinha como regra cortar a cabeça de quem se atrevesse a pensar e a desobedecer qualquer ordem recebida dos homens de poder. Os pescadores eram obrigados a apenas obedecer, sem falar e sem o direito de pensar algo em contrário. Pois o corte da cabeça era certo quando essas condições não eram seguidas à risca.

Apesar da situação de risco vivida pelos três humildes pescadores, eles continuaram acreditando e, numa segunda tentativa de jogar a rede, que se espalhou por cima daquelas águas, um deles apanhou a cabeça da imagem da santa, que foi envolvida em um lenço e colocada no fundo do barco. Após terem recuperado as duas partes da imagem, a figura da Virgem Aparecida teria ficado tão pesada, que eles não conseguiam movê-la. Assim nos conta uma das tantas narrativas que se escrevem sobre o encontro da Mãe Aparecida nas águas do Paraíba.

Era o peso da fé e do mistério que se manifestava aos pescadores. Esse peso os envolveu num momento de espanto e de maravilha pela presença milagrosa da Santa Negra. Lançando outra vez suas redes, apanharam tantos peixes, que se viram forçados a retornar ao Porto de Itaguaçu, uma vez que o volume da pesca ameaçava afundar não só seus barcos como também engolir suas redes. Este foi o primeiro sinal que os pescadores tiveram da intercessão atribuída à Santa do Rio Paraíba.

A fé dos três pescadores desencadeou a devoção dos vizinhos e das famílias mais próximas do local, que começaram a fazer suas primeiras e curtas peregrinações, indo de família em família para se reunirem e rezarem à santa milagrosa. As famílias passaram a deixar seus lares para invocar a intercessão da Santa Negra por quase duas décadas, depois do memorável encontro da santa nas águas do Rio Paraíba e do milagre da pesca. Desse modo, a Santa Negra se tornou a Nossa Senhora da Conceição Aparecida, a Padroeira do Brasil.

A Mãe Aparecida é mulher

Antes de tudo, a Mãe Aparecida é mulher, porque ela vai à nossa frente abrindo a estrada de Jesus. Por isso, vamos começar a falar dessa mulher com uma oração em forma de canto, para que ela nos acompanhe nesta reflexão contemplativa e devocional.

Pelas estradas da vida / Nunca sozinho estás /
Contigo pelo caminho/ Santa Maria vai.

Refrão: Ó vem conosco, vem caminhar/ Santa Maria, vem!

Se pelo mundo os homens / Sem conhecer-se vão /
Não negues nunca a tua mão / A quem te encontrar.

Mesmo que digam os homens / "Tu nada podes mudar" /
Luta por um mundo novo / De unidade e paz

Se parecer tua vida / Inútil caminhar /
Lembras que abres caminho: / Outros te seguirão!

(DR)

O Papa Paulo VI resgata a humanidade de Maria

O Papa Paulo VI, que se tornou conhecido como o papa que aplicou as orientações do Concílio Ecumênico Vaticano II – considerado um acontecimento do Espírito Santo para a Igreja do mundo inteiro –, depois de 10 anos desse acontecimento escreveu um documento que se chama Exortação Apostólica, sobre "O Culto a Maria", a *Marialis cultus*.

Esse documento é uma obra-prima, porque resgata a humanidade de Maria como mulher e apresenta Nossa Senhora como a necessária mulher de hoje para todas as mulheres, jovens e homens do nosso tempo. É um documento bem escrito, e pode-se dizer que é uma obra capital de literatura que sai de dentro do espírito humano; ela é visceral, porque fala da experiência de fé que este papa testemunha e comunica aos fiéis, na sua originalidade.

Esta originalidade perpassa todos os povos que manifestam, à Mãe do Senhor sua verdadeira piedade e seu culto de amor sincero.

O documento de Paulo VI tem mais de quarenta anos, mas ainda é muito atual, porque enfatiza elementos de fé, tais como:

- prestar a Deus o seu mais alto culto de adoração e louvor como Maria o fez com sua vida;
- exaltar Jesus Cristo na sua humanidade, o qual chegou mais perto de nós porque assumiu a nossa condição de filhos e filhas de Deus, através de Maria;
- afagar o Espírito Santo com o nosso amor para aprender com Maria, com quem primeiro se relacionou a partir da Anunciação, a estabelecer com ele uma relação, que se estende a todo o povo de Deus que caminha como Igreja em mistério e vive em comunidade de fé, na força desse mesmo Espírito que desceu por primeiro em Maria.

Nesse excelente documento, Paulo VI *resgata* a humanidade de Maria como profetisa, como pessoa aberta ao Espírito Santo, e *coloca* as grandes questões do feminino que interpelam a sociedade dos nossos dias e a própria Igreja. Abre-se ao espaço do campo bíblico, litúrgico, ecumênico e antropológico.

Se as mulheres, os jovens e também os homens de hoje olharem para Maria, Mãe de Deus e da humanidade, terão a sua frente um programa de vida para viver como discípulos de Jesus, como portadores do Espírito Santo na sua ação evangelizadora.

Façamos uma oração, das palavras do santo padre, o Papa Paulo VI, que nos deixou tão belo documento sobre Nossa Senhora.

Se o povo de Deus de hoje invocar Maria:

- **contemplará** ela como aquela que deu seu consentimento não para solucionar um problema contingente, mas para a obra dos séculos, dando seu SIM para a Encarnação do Verbo. Ave, Maria...
- **dar-se-á conta** de que a escolha do estado de integridade física e espiritual não foi um ato de fechamento aos valores do estado matrimonial, mas uma opção corajosa de total consagração ao projeto de salvação do Pai. Ave, Maria...
- **verificará** que ela, longe de ser uma mulher passivamente submissa ou de uma religiosidade alienante, foi sim uma mulher que não duvidou em afirmar que Deus é vingador dos humildes e dos oprimidos e que derruba os poderosos do mundo de seus tronos.

- **reconhecerá** nela, que é a primeira entre os humildes e os pobres do Senhor, uma mulher forte que conheceu a pobreza e o sofrimento, a fuga e o exílio, situações que exigem energias libertadoras de toda a pessoa e da sociedade. Ave, Maria...
- **descobrirá** nela a mulher que favoreceu a fé da comunidade apostólica em Cristo; sua maternidade se dilatou, vindo a assumir no calvário dimensões universais. Ave, Maria...

Quem são as mulheres de hoje?

São aquelas que lutam do lado do povo e não se conformam com a situação que estão vivendo. Nesse sentido, elas se inspiram seja na Maria dos Evangelhos, seja na Maria criada pela simbólica popular. A mulher de hoje, arrastada pela atitude de Maria e inspirada na sua fé e coragem de aderir, plenamente, ao chamado do Pai e a seu projeto, acredita num modo novo de viver seu Batismo, de testemunhar sua fé e de organizar a comunidade eclesial.

A presença de Maria e das outras mulheres no evento de Pentecostes criou e continua criando a nova comunidade do Espírito doado pelo Ressuscitado. Ora, nesta comunidade a mulher se identifica com a graça de ser chamada à condição original de reproduzir em sua vida e em seu corpo o gesto eucarístico da comunidade divina pela Pessoa de Jesus Cristo. Alimentar o povo com a própria carne e o próprio sangue foi a modalidade mais radical e intensa que a comunidade divina encontrou para exprimir sua doação plena e deixar presente seu infinito amor no meio do povo, que ama até a morte e ressurreição.

As "Marias" de hoje realizam este gesto seja no ato da amamentação, no ato do martírio moral, psicológico, espiritual, seja no martírio que exige verter seu sangue e água salvadores, como se deu na pessoa de Jesus Cristo. Parece-nos que aí está um veio promissor para a reflexão sobre o mistério abissal da Trindade como realidade histórica e como mistério de fé que ultrapassa a própria história. O mistério da presença real de Jesus Cristo no meio de seu povo, que louva o Deus Trino da Nova Criação, proclama a revelação da Comunidade de Amor no seu modo de ser feminino e no seu modo de ser masculino, ao entrar em relação apaixonada e amorosa de coração a coração com seu povo. A mulher de hoje já tem uma nova consciência.

A consciência da mulher de hoje

Diante da proposta de uma antropologia humana, inclusiva e libertadora, exige-se uma nova consciência antropológica. Na descoberta de muitos arquétipos ligados ao feminino, a mulher de hoje costura os pedaços de vida sacrificada da humanidade; resgata o retorno da Grande Mãe e da Grande intercessora que traz consigo a misericórdia do nosso Deus, a ternura de suas entranhas divinas e a leveza de seu sopro perfumado do Espírito: a mulher que nos trouxe o Salvador.

A reflexão da fé teológica feita na ótica da mulher afirma que ela tem consciência de que é chamada pelo Senhor para uma missão no mundo e na sociedade, sem deixar de ser esposa, mãe e filha predileta do Pai.

O Senhor incluiu todas as mulheres na História da Salvação, assim como o fez com Tamar, a mulher corajosa (cf. Gn 38,14-18), com Raab, hospitaleira dos israelitas num momento de perigo para eles (cf. Js 2,1), Betsabeia, esposa de Urias (cf. 2Sm 11,1-5), com Rute, a mulher estrangeira que deu descendência davídica (cf. Rt 1-4).

Maria de Nazaré é incluída como aquela que teve sua missão junto ao povo de Deus naquele momento em que foi escolhida para a missão de colaborar com a História da Salvação.

As "Marias" de hoje estão conquistando espaços cada vez mais significativos que mostram o avanço de uma prática pastoral, sobretudo em dois fatos da nossa fé inculturada.

O primeiro fato diz respeito à figura da Maria bíblico-histórica que, em muitos e variados ambientes populares da fé cristã, tem dado uma consciência aberta às mulheres que trabalham em movimentos sociais, organizações de voluntariado e também em grupos de evangelização e prática pastoral.

As mulheres descobrem uma forma de interpretar a Palavra de Deus que se encontra na vida partilhada e solidária de comunidades que buscam a novidade deixada por Jesus Cristo.

Tal processo tende sempre mais colocar a Maria como mulher companheira de caminhada rumo ao Pai, mulher do povo, que constrói o Reino da inclusão e da abertura a toda a pessoa de boa vontade, e mulher que luta pela mudança de condições de morte em condições de vida digna e agradável a Deus.

O segundo fato é referente ao avanço de toda a simbólica mariológica alimentada pela grande maioria do nosso povo simples e empobrecido. São gestos simbólicos que se manifestam no culto de caráter devocional, como cantos, celebrações, orações e até mesmo alegorias representativas da cultura religiosa que existem desde a época da primeira evangelização.

Esses elementos são formadores de uma representação que o povo tem da Virgem que peregrina com ele na opressão, dando-lhe uma consciência crítica por ser um povo cheio de fé e de esperança por dias melhores.

Maria tem muito a ver com o seguimento de Jesus Cristo como discípula e mãe. Os nossos povos veem, em Maria, a figura feminina que os precedeu no caminho de Jesus Cristo e nela encontram o sentido da própria luta em favor da vida em abundância.

O vínculo da Maria bíblica com a Maria simbólica criada pela fé popular torna-se evento de fé autêntica quando o povo vive a experiência do Pai como o *Deus sumamente benigno e sábio,* do Filho como o *Enviado do Pai* e do Espírito Santo como o *plasmador da pessoa humana* (cf. Documento sobre a

Igreja do Vaticano II, 52.56). Excluir Maria desse processo ou ofuscar sua participação ativa, que se faz mistério para a nossa limitada compreensão, é ignorar o vínculo que se dá entre Deus, a comunidade divina e a mulher chamada por esse Deus a uma missão no mundo e na sociedade.

O exemplo que vem de Maria de Nazaré

As "Marias" de hoje entendem que os significados de Maria de Nazaré na nossa cultura, nos elementos culturais e religiosos que já têm sua história e sua caminhada distinta em todos os Continentes povoados da nossa Mãe-Terra, são:

- O nosso povo tem seu modo de cultuar Maria, o que não exclui nenhuma das Pessoas da comunidade divina. Na simplicidade de sua fé, o romeiro e a romeira se dirigem à Mãe Aparecida porque ela nos trouxe Jesus, o Salvador. Jesus é o Filho de Deus que tudo cria e tudo plasma com seu amor que se expressa no Espírito Santo, e que é impulsionador de tudo o que existe de bom. Nesse sentido é a reflexão teológica que não consegue elaborar o desafio pastoral levantado pelo jeito que o povo tem de encontrar em Maria o elemento que funda sua fé em Jesus Cristo.

- O segundo elemento se constitui na presença maciça das mulheres em quase todas as instâncias da vida humana, a qual se organiza nos seus segmentos sociais, culturais e religiosos.

- Finalmente, um elemento que está sinalizando uma nova história da humanidade, captado pelas "Marias" de hoje, é a mudança de paradigma que mostra a queda do patriarcado: o homem começa a sentir necessidade de fazer acordo com a mulher; ele percebe que não é pelo domínio nem só por sua determinação que consegue caminhar adiante. Mas homem e mulher Deus os criou (cf. Gn 1,27).

E, para concluir, não poderíamos deixar de lado a orientação vinda do Documento *Verbum Domini*, que quer dizer "Palavra de Deus", no qual se recomenda aos teólogos e teólogas do nosso tempo o trabalho teológico de descobrir melhor a ligação entre Maria de Nazaré e a escuta crente da Palavra divina, para que haja maior aprofundamento da relação entre mariologia e teologia da Palavra (cf. VD 27).

Maria e as novas servidões

Diante das novas servidões, as mulheres garantem a presença de Maria. Quase todos os povos hoje estão submetidos de forma violenta ao modelo econômico neoliberal, cujas consequências são a globalização assimétrica da economia mundial, a limitação da soberania nacional e o crescente aprisionamento dos recursos naturais, ainda fartos nos países de mercados emergentes e nas mãos de minorias prósperas.

Este é o pano de fundo do qual queremos partir para levar à reflexão de todos alguns aspectos destas novas servidões, levantar os desafios consequentes e como nós, cristãos, homens e mulheres, estamos comprometidos com a situação globalizada de servidão dos povos, hoje.

Vivendo neste Terceiro Milênio, tal modelo traz efeitos devastadores para a vida humana, que perde sempre mais sua dignidade e sua cidadania. É urgente destacar três tipos de novas e, ao mesmo tempo, antigas servidões que sempre estiveram presentes na vida dos povos, e com as quais nos defrontamos hoje, no dia a dia do nosso serviço. Veja a seguir.

A servidão de crianças e adolescentes

Existem hoje cerca de milhões de crianças exercendo algum tipo de trabalho no mundo, segundo o relatório do UNICEF (Fundo das Nações Unidas para a Infância), sem contar as que trabalham em atividades domésticas. A grande maioria das crianças trabalhadoras vive na Ásia, África e América Latina e Caribe. A Ásia responde por quase 50% desse total.

A Organização Mundial da Saúde, com sede em Genebra, revela dados de um estudo que alerta para a existência de milhões de crianças de rua em todo o mundo que usam drogas e outros tipos de entorpecentes. Segundo esta organização, tais crianças não conseguem melhorar suas condições de vida devido à forte recessão mundial, às constantes mudanças políticas, à desintegração de famílias e catástrofes naturais. Muitas dessas crianças, além de consumirem, participam diretamente do tráfico e da venda de drogas.

O estudo enfatiza que, apesar de a maioria das crianças de rua ser do sexo masculino, sobretudo adolescentes e jovens, a vida na rua é muito mais difícil para as mulheres. Essas crianças e esses adolescentes, por exemplo, são forçados a trabalhos sub-humanos na lavoura, nos canaviais, e não só, mas também são obrigados a serem pedintes de rua.

As crianças e os adolescentes que fogem dessa situação de servidão vivem nas periferias ou nas ruas das grandes cidades. Com isso, procuram a própria morte. Anunciar a Boa-Nova nesta realidade e a partir desse quadro não é uma tarefa fácil.

Cântico de Daniel (3,57-88.56)

Obras do Senhor, bendizei o Senhor!
Céus do Senhor, bendizei o Senhor!
Anjos do Senhor, bendizei o Senhor!

Refrão: Louvai-o e exaltai-o pelos séculos sem fim!

Águas do alto céu, bendizei o Senhor!
Potências do Senhor, bendizei o Senhor!
Lua e sol, bendizei o Senhor!
Astros e estrelas, bendizei o Senhor!

Chuvas e orvalhos, bendizei o Senhor!
Brisas e ventos, bendizei o Senhor!
Fogo e calor, bendizei o Senhor!
Frio e ardor, bendizei o Senhor!

Orvalhos e garoas, bendizei o Senhor!
Geada e frio, bendizei o Senhor!
Gelos e neves, bendizei o Senhor!
Noites e dias, bendizei o Senhor!

Luzes e trevas, bendizei o Senhor!
Raios e nuvens, bendizei o Senhor!
Ilhas e terra, bendizei ao Senhor!
Louvai-o e exaltai-o pelos séculos sem fim!

Montes e colinas, bendizei o Senhor!
Plantas da terra, bendizei o Senhor!
Mares e rios, bendizei o Senhor!
Fontes e nascentes, bendizei o Senhor!

Baleias e peixes, bendizei o Senhor!
Pássaros do céu, bendizei o Senhor!
Feras e rebanhos, bendizei o Senhor!
Filhos dos homens, bendizei o Senhor!

Filhos de Israel, bendizei o Senhor!
Louvai-o e exaltai-o pelos séculos sem fim!
Sacerdotes do Senhor, bendizei o Senhor!
Servos do Senhor, bendizei o Senhor!

Almas dos justos, bendizei o Senhor!
Santos e humildes, bendizei o Senhor!
Jovens Misael, Ananias e Azarias, bendizei o Senhor!
Louvai-o e exaltai-o pelos séculos sem fim!

Ao Pai e ao Filho e ao Espírito Santo
Louvemos e exaltemos pelos séculos sem fim!
Bendito sois, Senhor, no firmamento dos céus!
Sois digno de louvor e de glória eternamente!

Maria, promotora da vida

Defronte a tal realidade, o cristão, homem e mulher, precisa alimentar-se de uma mística intimamente ligada à espiritualidade que nasce da FÉ-VIDA para abrir-se ao Espírito que dá sentido a toda a ação evangelizadora. A palavra espiritualidade tem sua origem no Espírito. Em seu sentido originário, espírito é todo o ser que respira, que vive, que luta e que vibra com suas conquistas, como o ser humano. A espiritualidade, portanto, coloca a vida no centro, defende a vida, promove a vida contra todo o sistema de morte, rebaixamento e servidão.

O Espírito veio sobre Maria e a fecundou para que ela desse início ao processo de um novo nascimento, de uma nova vida e de um novo modo de viver para toda a humanidade. Ela se torna geradora de vida pelo fato de trazer aquele que é a fonte da vida, Jesus Cristo. Tal processo continua ao longo da história, e faz de cada pessoa mãe da vida, desde que fecundada pelo Espírito.

Por isso, para a nossa vida de fé, Maria é a primeira entre muitos irmãos e irmãs que, de olhos abertos para a realidade, se colocam do lado das pessoas necessitadas de vida e defendem publicamente a causa delas. O cristão comprometido é aquele que serve à vida a partir do seu próprio espaço geográfico e do lugar em que vive, como Maria o fez.

Reconhecer o potencial evangelizador dos pobres

Temos que admitir que os pobres são nossos mestres e nossos evangelizadores virtuais. Mentiríamos a nós mesmos se não admitíssemos este fato real e concreto. Por exemplo, quando vamos morar com os pobres ou nos aliamos a eles com projetos de trabalho pastoral ou até promocional, temos um determinado modo de pensar e agir, temos nossos métodos e nossa formação próprios para colocar a serviço. Mas, após algum tempo, passamos a perceber que tudo o que sabemos e temos à disposição dos pobres deve ser revisto e mudado porque eles nos mostram um caminho de crescimento muito diferente.

Precisamos de humildade para aceitar que pouco ou quase nada sabemos da vida e da fé religiosa desses pobres! Precisamos viver a simplicidade para começar aprendendo deles uma coisa por vez e não mais de uma, pois tudo se acha encadeado quando tomamos consciência de que devemos aprender com eles.

Humildade, coerência interna e uma boa dose de solidariedade humanas são as bases sobre as quais podemos construir alguma coisa junto a esses nossos mestres espirituais. É o processo de conversão em ato que se realiza em nós, isto é, na nossa vida interior e no nosso modo de fazer.

A conversão inclui esse aprendizado com os pobres. Eles antecipam, de certa forma, a experiência de uma civilização espiritual, de convívio, de cooperação, ou seja, uma civilização nada interesseira em resultados imediatos. A qualidade de vida emerge do convívio com as diferenças.

Enquanto as grandes religiões de todos os continentes estão fazendo os primeiros ensaios daquilo que poderá ser a sociedade futura, através de movimentos pela paz, pela harmonia entre os povos e com o cosmo, as organizações humanitárias alertam para prevenir novas crises.

O estudo revela um quadro bastante pessimista para as classes menos protegidas nas regiões mais pobres do Sul do mundo e denuncia as assustadoras condições de vida de pessoas que se tornam cada vez mais vulneráveis a doenças e morte prematura.

O atual nível de empobrecimento mundial afetará principalmente mulheres e crianças na África, Oriente Médio e na América Latina e Caribe, incluídos os povos do Leste europeu.

Maria garante a nossa prática solidária

A solidariedade humana cristã tende cada vez mais a ser uma solidariedade *profética* e *qualificada*. *Profética* porque denuncia o sistema de morte que cria as massas excluídas e sobrantes da sociedade que programa os diferentes tipos de servidão. A solidariedade exige ainda um vigor sapiencial como ponto de arranque das nossas comunidades cristãs e católicas. Ela vem revestida da força da sabedoria divina. É esse vigor sapiencial que nos está impulsionando cada vez mais para uma ação solidária, conjunta e imediata.

É um dever impostergável da mais elementar humanidade aproximarmo-nos e abrirmo-nos às massas excluídas com um projeto comum e concreto, bem como aos países caracterizados por estagnação ou declínio. Cada uma, cada um de nós, seja como pessoa, seja como instituição, dá do que tem, da pobreza de que dispõe. Desse modo, nós nos enriqueceremos, porque vamos aprender com esses povos a inverter os retrocessos que criam e recriam a pobreza e a degradação ambiental.

A solidariedade deve ser *qualificada* porque supõe um cabedal de conhecimentos, uma metodologia específica e o manejo de técnicas oferecidas pelo processo de modernização, técnicas essas que estão ao nosso alcance hoje. Exige igualmente abertura para trabalhar com pessoas e instituições de caráter ecumênico, inter-religioso, que tenha coerência profissional, saiba planejar e avaliar o que se consegue realizar.

Solidariedade e formação

A formação não exclui aquela sabedoria que nasce do contato humano, direto, simples, que ultrapassa a qualificação técnica, metodológica e acadêmica. O contato direto com o povo, sobretudo com os mais empobrecidos, nos qualifica como mulheres e homens a serviço, chamados a testemunhar um Deus Encarnado na pessoa misericordiosa de Jesus Cristo. É um contato que nos qualifica para uma vida humilde, sem "amarras" e sem dar tanta atenção ao que é relativo na vida de consagração batismal para o Reino.

Pode até acontecer que uma comunidade cristã ou católica inserida no meio popular seja qualificada em muitas áreas do conhecimento, mas não obtenha os resultados que outra com menos preparo consegue por sua sensibilidade e abertura no sentido de se aproximar do povo e se tornar uma comunidade com ele na fé e na promoção da qualidade de vida como um todo. As duas coisas são necessárias: o preparo científico juntamente com a abertura e a sensibilidade ao Espírito que tudo encaminha e sustenta.

Por tudo isso, a solidariedade qualificada pede competência científica, isto é, cada área de serviço exige um conhecimento específico, uma competência profissional. Tal competência, porém, deve ser pervadida do Espírito que nos dá a capacidade de apreciar o bem, julgar os desafios e discernir os caminhos do Senhor. Essas duas instâncias tornam a comunidade apta para conhecer as coisas como elas realmente são, e não como nós queremos que sejam.

Solidariedade profética

A solidariedade profética deve ser também qualificada, e exige que sejamos comunidades capazes de responder aos apelos da realidade que nos invade e circunda. Tal processo supõe o respeito pela diversidade dos carismas para que o serviço edifique a comunidade de vida e de fé. Supõe ainda o cuidado de criar espaço dentro e fora da instituição para que a multiplicidade dos dons esteja a serviço da unidade e da comunhão.

Em pleno Terceiro Milênio, o Evangelho do Espírito que fecundou Maria de Nazaré aponta para a solidariedade concreta de todas as pessoas de boa vontade. Resgata a presença de Maria na promoção da vida. Garante a palavra do Espírito pela boca de profetas e profetisas menores e maiores, que, como sempre, podem ser acolhidos ou rechaçados.

A mulher de Nazaré dá testemunho destas qualidades humanas e divinas doadas pelo Espírito. Dá provas deste testemunho quando Lucas nos apresenta Maria, apressada em ajudar Isabel, que necessita de seu serviço para acolher o filho prestes a nascer, o precursor, João Batista. Nesse momento histórico, Maria prorrompe, sem meias-medidas, com o cântico da libertação salvadora, o *Magnificat*.

O Evangelho, defronte às múltiplas servidões do mundo moderno e pós-moderno, terá uma das suas fortes expressões no testemunho de irmandade cristã comprometida com a causa dos povos excluídos, testemunho que encontra na Escritura a perfeição e qualificação para toda a obra (cf. 2Tm 3,17).

Maria de Nazaré

Maria de Nazaré, Maria me cativou,
Fez mais forte a minha fé
E por filho me adotou.
Às vezes eu paro e fico a pensar
E sem perceber me vejo a rezar
E meu coração se põe a cantar
Pra Virgem de Nazaré.
Menina que Deus amou e escolheu
Pra mãe de Jesus, o Filho de Deus.
Maria que o povo inteiro elegeu,
Senhora e Mãe do Céu.

Ave, Maria, ave, Maria!
Ave, Maria, Mãe de Jesus!

Maria que eu quero bem,
Maria do puro amor.
Igual a você ninguém,
Mãe pura do meu Senhor.
Em cada mulher que a terra criou,
Um traço de Deus Maria deixou,
Um sonho de mãe Maria plantou
Pro mundo encontrar a paz.
Maria que fez o Cristo falar,
Maria que fez Jesus caminhar,
Maria que só viveu para seu Deus,
Maria do povo meu!

(Pe. Zezinho, scj – CD 6615-0 – *Os grandes sucessos* – Paulinas/COMEP.)

Concluindo

Três pontos importantes são colocados em destaque neste capítulo. O primeiro descreve em poucas palavras a situação do homem e da mulher em tempos de escravidão. Segue-se o fato histórico em que a Mãe Aparecida foi encontrada por três pescadores no Rio Paraíba do Norte.

O segundo ponto fala da cor da santa encontrada, a qual evoca a cor da mulher escrava daquele tempo. Trata-se, então, de buscar o resgate da humanidade de Maria para que a mulher dos nossos tempos também seja resgatada na sua dignidade humana.

O terceiro ponto levanta a pergunta sobre quem são as mulheres de hoje que se colocam do lado do povo sofrido. Apresenta-se, em resumo, o modo como a mulher chamada pelo Senhor, para trabalhar nessa missão, se coloca diante das novas servidões a que tantos povos são submetidos.

III As famílias começam a se reunir em torno da santa

Durante os anos em que a imagem ficou sendo venerada na casa de Felipe Pedroso, as famílias vizinhas se encontravam para rezar e pedir graças pelas suas necessidades. Assim procediam porque sentiam arder em seus corações fé, esperança e amor pela santa tão pequena e despojada que se apresentava a elas com tanta força espiritual. As pessoas daquelas famílias não sabiam explicar o que sentiam nem falar da força que as atraía para a oração à Pequena Virgem. Mas eram atraídas a se reunirem para agradecer e suplicar ao céu através da santa.

Foi nesses encontros de oração na casa de Felipe Pedroso que as famílias viveram momentos de fé, de admiração e de satisfação contida dentro de seus corações cheios de confiança na santa. A pequena imagem que havia sido composta por Felipe Pedroso, parecia se comunicar com cada uma daquelas pessoas ali reunidas.

O carinho e a atenção com que Felipe Pedroso compôs a imagem encontrada em dois pedaços, corpo e cabeça separados, foi demonstrado no cuidado com que a limpou da lama do rio. Colou a cabeça no tronco com cera da terra, quer dizer, a cera da abelha arapuá. Esta é pegajosa e podia de fato unir, ainda que de modo provisório, a cabeça ao corpo.

Só quando terminou de colar a cabeça da santa foi que, segurando a imagem nas mãos e fixando-a, percebeu sua postura com as mãos juntas em prece e os lábios entreabertos como que a sorrir compassiva para ele. Comovido, caiu de joelhos e exclamou: "Minha Nossa Senhora Aparecida, valei-me na vida e na morte".

Intensificaram-se as breves peregrinações domésticas que deram origem à construção de oratórios, pequenas capelas onde as famílias passaram a rezar, agradecer e pedir a Nossa Senhora por todos. Cantavam o terço e as ladainhas junto da imagem. Dessas celebrações nasceu o compromisso de fé daquelas famílias de humildes pescadores e dos devotos em geral, que se conservaram fiéis à devoção que se ia espalhando, aumentando cada vez mais a afluência de pessoas não só do Vale do Paraíba, mas também de regiões mais distantes.

E foram nesses oratórios e capelas que aconteceram os mais significativos prodígios, chamados de milagres, pela intercessão da Mãe Aparecida.

As famílias e a Mãe Aparecida

Nas famílias, encontramos a figura da mulher que une e reúne todos os membros que estão próximos e também os que estão afastados. A mãe que faz este serviço de presidir a unidade dos membros é a mulher, seja ela mãe, seja esposa ou simplesmente mulher.

Não por acaso o Documento de Aparecida dedica um capítulo inteiro para a família. E, em todo o Documento de Aparecida, são abundantes as referências à família com este título: "Família, pessoas e vida". A vida tem como base a família e as pessoas que a ela pertencem, seja por laços biológicos, seja por laços de adoção, de proximidade ou de parentesco.

A Igreja é conhecida como a *Casa de Deus*, onde há uma mãe, Maria de Nazaré, que preside o serviço da caridade que se abre a todas as pessoas e serve à unidade de seus membros num tempo de profundas mudanças. Quem é a Mãe que une as famílias em oração?

A Mãe Aparecida é a filha amada do Pai

A primeira e grande notícia dada pela filha amada do Pai, ao ser retirada das águas pelos pescadores, foi e continua sendo a de anunciar que, com a sua chegada, ela muda a história da humanidade, pois trouxe aquele que se tornou o centro dessa história, Jesus Cristo, o Filho encarnado do Pai no meio de nós.

O Pai se coloca diante da Mãe de seu Filho Jesus porque a ama como pessoa preferida da sua afeição, é a filha querida do Pai. Ele se revela como o Pai que tem uma filha amada. A linhagem bíblica da Mãe Aparecida é perpassada pelo amor que se manifesta nas filhas amadas do Pai, seja no Antigo, seja no Novo Testamento.

As filhas amadas do Êxodo

A Mãe Aparecida cria um vínculo de ligação com estas mulheres que, tementes a Deus, pouparam a vida de tantos meninos hebreus, desde o nascimento que se dava entre duas pedras. Elas assistiam ao parto das mulheres hebreias com a finalidade de garantir a vida e a presença numerosa dos hebreus em meio a um povo estranho, que eram os egípcios, escravizadores do povo hebreu.

Estas mulheres mostraram que não queriam a vida só para elas, pois tinham consciência de que foram criadas para viverem como filhas do Criador, que é Pai de todos: pouparam a vida dos meninos hebreus porque acreditavam que a vida é um direito que pertence ao Deus Criador, e não aos homens nem às mulheres. Deus escolhe pessoas que cuidam da vida. E estas pessoas eram mulheres provindas de todas as classes sociais.

Nesse contexto, encontramos as parteiras *Sefra* e *Fuá*, que, segundo a História Sagrada, são apresentadas como mulheres que defenderam a vida arriscando a própria vida e a condição em que eram colocadas. Dentre as várias filhas amadas do Pai apresentadas pelo Livro do Êxodo, queremos destacar as duas parteiras, e a elas dedicamos o texto do Livro dos Provérbios 8,21-31, que exalta a sabedoria criadora do Pai nas suas amadas filhas.

Aparecida

Assim fala a Sabedoria de Deus:
o Senhor me possuiu como primícias de seus caminhos,
antes de suas obras mais antigas;
desde a eternidade fui constituída, desde o princípio,
antes das origens da terra.

Fui gerada quando não existiam os abismos,
quando não havia os mananciais das águas,
antes que fossem estabelecidas as montanhas,
antes das colinas fui gerada.
Ele ainda não havia feito as terras e os campos,
nem os primeiros vestígios de terra do mundo.

Quando preparava os céus, ali estava eu,
quando traçava a abóbada sobre o abismo,
quando firmava as nuvens lá no alto
e reprimia as fontes do abismo,
quando fixava ao mar os seus limites
– de modo que as águas não ultrapassassem suas bordas –
e lançava os fundamentos da terra,
eu estava ao seu lado como mestre de obras;

Eu era seu encanto, dia após dia,
brincando, todo o tempo, em sua presença,
brincando na superfície da terra,
e alegrando-me em estar com os filhos dos homens.

As filhas amadas de Jerusalém

A Mãe Aparecida é a filha amada do Pai porque vem da estirpe das numerosas *filhas de Jerusalém*, como narra o mais belo canto que celebra o amor de um amante e de uma amada amante. Os dois se aproximam e se distanciam, se procuram e se perdem, se buscam e se encontram, mas se unem no amplexo do amor do meio-dia que não tem sombras. Quem narra isso é o Livro do Cântico dos Cânticos, o livro do amor humano que chega ao amor divino quando vive em comunhão com o Pai da vida.

A Mãe Aparecida é a filha amada do Pai porque vem da árvore da tradição israelítica, em que a figura feminina precede a Boa Notícia que o Pai tem a dar a seus filhos e filhas. Por isso a Mãe Aparecida é uma mulher que representa o povo, o romeiro, a romeira, a família peregrina que sai de sua casa e deixa seus afazeres para estar com a Mãe amada do Pai.

Nesse sentido ela é uma figura coletiva, porque não representa só a pessoa dela, mas todas as *filhas de Israel* que são carregadas sobre as ancas, sobre a garupa de seus pais para celebrar o retorno do exílio e o esplendor da Cidade Santa, a Cidade Sagrada do povo escolhido. Ela é a filha que recebe a luz de Javé, trazendo as riquezas da terra e as riquezas da glória e esplendor do Deus que edifica, enaltece e realiza as coisas que promete.

As filhas amadas de Sião

A Mãe Aparecida é a *filha de Sião*, membro do povo de Israel a quem é dirigida a profecia nestas palavras: "Farei de ti eterno motivo de orgulho, motivo de alegria, de geração em geração" (Is 62). O profeta acrescenta ainda: "Serás chamada Procurada! Cidade habitada!".

Por amor de Sião não me calarei,
e por amor de Jerusalém não me aquietarei
e os gentios verão a tua justiça, e todos os reis a tua glória;
e chamar-te-ão por um nome novo, que a boca do Senhor designará.

Nunca mais te chamarão: Desamparada,
nem a tua terra se chamará jamais: Assolada;
mas chamar-te-ão: Cidade procurada! Cidade habitada!
O prazer do Pai está nela, porque o Senhor se agrada de ti
e a tua terra se casará.

Porque, como o jovem se casa com a virgem,
assim teus *filhos* se casarão contigo;
e como o noivo se alegra da noiva, assim se alegrará de ti o teu Deus.
Ó Jerusalém, nunca mais darei o teu trigo por comida aos teus inimigos,
nem os estrangeiros beberão o teu mosto em que trabalhaste.

Mas os que o ajuntarem o comerão e louvarão ao Senhor;
e os que o colherem beberão nos átrios do meu santuário.
Eis que o Senhor fez ouvir até às extremidades da terra:
"Dizei à filha de Sião: Eis que vem a tua salvação!
E chamar-te-ão: Procurada! Cidade habitada!".

A expressão *Cidade habitada* lembra as palavras do Papa Bento XVI quando esteve no Brasil por ocasião da conferência dos bispos de todo o nosso continente. Quando ele se refere ao lugar em que esta conferência se realizou, fala de um espaço sagrado da fé dos nossos povos. Uma fé que diz respeito não só ao povo que vai a Aparecida, mas a todos os povos da terra, portanto, universal.

A cidade de Aparecida existe porque a fé popular está sempre crescendo e se desenvolvendo. Nenhum romeiro e nenhuma romeira vai ali somente para fazer turismo, mas sim para tomar a bênção da Mãe, fazer suas preces de súplica e perdão. O Santuário procura fazer da romaria um momento de fé, sem dúvida, mas também um momento de diversão e festa, onde se compram lembrancinhas, faz-se um passeio de teleférico e participa-se do show da Mãe Aparecida com cantoras e cantores sertanejos do nosso Brasil. São momentos que terminam sempre com uma prece de fé, de joelhos, diante da imagem que evoca o Pai da filha amada.

Prece de intercessão

Refrão: Amada filha do Pai, interceda por teu povo!

Pai santo, que protegeste a vida das parteiras do Êxodo,
Porque muito amaram a vida:
Dá-nos a coragem deste amor. (*Refrão*)

Pai do intenso amor, carregaste em teus braços a filha amada,
Mas ela cantou a glória dos teus feitos:
Abrace-nos como pessoas reconhecidas! (*Refrão*)

Quiseste tirar do desprezo as filhas amadas da cidade de Sião,
Para que fossem motivo de alegria e de orgulho:
Faça que sejamos pessoas prontas ao teu chamado! (*Refrão*)

Deste o dom da profecia a Maria do tamborim,
E ela arrastou o povo para dar graças:
Que a nossa profecia redesperte a nossa coragem! (*Refrão*)

Oração

Pai santo, amastes todas as vossas filhas que precederam a nossa querida Mãe Aparecida. Agora vos pedimos que continueis amando todas as vossas filhas e filhos que vieram junto com esta Mãe e todos aquelas e aqueles que vieram depois, que somos todos nós. Esta graça vos pedimos, pela intercessão do Filho que a Senhora Aparecida trouxe para a salvação de toda a humanidade. Amém.

A profetisa amada

A Mãe Aparecida é ainda a filha amada do Pai na figura de *Maria, a profetisa*, irmã de Moisés, que pega no tamborim e faz com que todas as mulheres a sigam com seus tamborins também, para cantar e dançar a libertação de seu povo, como já falamos antes.

Nessa narrativa ela não é só chamada de filha amada do Pai, como pertence ao povo de Israel, que se organiza com suas filhas e filhos para dar o golpe no Faraó e marchar em direção à promessa feita a Abraão, a Isaac e a Jacó. É a filha amada do Pai que participa, com seu povo e seus líderes, para dar igualdade a todos e a todas, incluindo-os na família do Pai.

A Mãe Aparecida é uma personalidade simbólica, quer dizer, é uma figura coletiva, que representa um povo. Não representa a si mesma, mas sim todo o povo de Israel, e se torna uma mulher que toma a frente na libertação de seu povo.

Nós encontramos a Mãe Aparecida como filha amada do Pai na arte, na música, na pintura, na orquestra sinfônica do Santuário de Aparecida. A pintura do Santuário é apresentada com vigor e majestade na sua forma narrativa, adaptando as cenas de textos bíblicos para representar um espetáculo que vai sem dúvida perpassar os séculos.

Quantas cenas bíblicas do Antigo e do Novo Testamento pintadas com a inspiração e fé do artista e pintor, Cláudio Pastro, nos levam a meditar e a rezar ao mistério do Pai, à misericórdia do Filho que nos resgatou e ao amor do Espírito que nos ampara e nos consola em todas as aflições e dúvidas.

Estas pinturas partem do início da humanidade, passam pelo Novo Testamento e tornam presente a realidade que vivemos hoje: homens e mulheres mártires do nosso continente. Estes nos enchem de contemplação e mística com seu testemunho de fé porque pagaram com a própria vida o compromisso de colocarem a mensagem de Jesus em primeiro lugar para a construção do Reino.

A amada filha de Sião

Finalmente, a imagem da Filha amada do Pai toma o nome de Cidade Santa e é celebrada de forma lírica nos momentos da liturgia israelítica, em que o povo refresca a memória de sua caminhada histórica, feita de eventos e de fatos que marcam, continuamente, a progressiva revelação de Deus a seu povo. A lírica religiosa nos foi conservada pelos Salmos. Estes falam da filha amada do Pai como a *filha de Sião*, que une e reúne todos os povos no louvor de um único Senhor e Deus e que anuncia a grandeza de Javé desde a montanha sagrada de Sião, onde fica a Cidade Santa.

É importante levar em conta que o significado dos títulos "Filha de Sião", "Filha de Judá" apresenta mais de um sentido na Bíblia. Sião, por exemplo, pode indicar o Monte Sião, a fortaleza do povo de Israel, a terra do povo de Israel e também a cidade de Jerusalém.

Em nosso caso, utilizamos o sentido de fé que as filhas amadas do Pai têm para nós. Elas vêm desse monte, dessa fortaleza, desse povo, dessa terra e dessa cidade. Assim, concluímos que o uso das expressões "filha de Sião", "filha de Judá", aponta para a cidade de Jerusalém e para a Terra de Israel.

A amada filha de Aparecida

Ela foi encontrada num rio, por três pescadores. É a mulher escolhida para ser a Mãe do Enviado do Pai, o Filho de Deus. Não podia deixar de ser a filha amada desse Pai, que revela suas entranhas de Mãe, no dizer dos profetas e no dizer da pregação do Reino feita por Jesus, o filho de Maria de Nazaré.

A amada filha de Aparecida está presente nos gestos que Jesus teve para com tantas filhas amadas do Pai que ele foi encontrando ao longo de suas caminhadas pregando o Reino.

Jesus toma o exemplo da mulher que se alegra ao encontrar a moeda perdida (cf. Lc 15,5ss). Daquela que faz o pão e o deixa crescer, levedar (cf. Mt 13,33ss). Jesus não deixa de admirar-se da fé indevassável da cananeia (cf. Mt 15,21ss), do amor a toda prova de Maria Madalena e da coragem das mulheres da primeira hora na manhã da ressurreição, a ponto de dar-lhes a missão de anunciarem aos discípulos, seus irmãos, a Boa-Nova da ressurreição, o Cristo Senhor Ressuscitado. Nossa súplica vai para estas seguidoras de Jesus.

As amadas filhas curadas por Jesus

A Mãe Aparecida evoca as tantas filhas amadas do Pai que o Filho dela encontrou enquanto pregava o Reino. É notável a narrativa da mulher que sofria de um fluxo de sangue há doze anos. Esta mulher pertence à clandestinidade, isto é, vivia escondida de todos porque era considerada impura. Mas sua fé vai além da lei que a considera impura. Ela faz o papel de "penetra", porque se aproxima de Jesus num momento em que muitas pessoas acorrem ao mesmo tempo a ele, que a chama de "Minha filha" e a presenteia com a notícia da cura e lhe diz: "A tua fé te salvou; vai em paz e fique curada desse teu mal" (Mc 5,34).

Na versão da comunidade de Mateus, encontramos esta expressão: "Ânimo, minha filha, tua fé te salvou!" (Mt 9,22). Jesus percebe a angústia e a ansiedade com que essa mulher toca a orla de seu manto. Todos querem aproximar-se e falar com Jesus. E a mulher apresenta-se sozinha, ninguém a acompanha, e ela tem consciência de como é vista e tratada por todos os que estavam ali: é uma pessoa "impura", e é por isso excluída pela lei. Mas Jesus inclui esta mulher na coletividade que o cerca e a trata com a mesma consideração dada a todas as pessoas que o solicitam naquele momento.

Assim, ela sai da exclusão social e religiosa, mas não só, sai da exclusão econômica também, pois havia gasto todos os seus bens para curar-se, sem resultado. E não podia contar com outros recursos materiais.

A cura é atribuída à sua persistência e à sua fé. O encontro dessa mulher com a cura definitiva é fruto de sua invisibilidade, sua clandestinidade e seu silêncio cheio de fé, três pequenas coisas que roçam, que tocam de leve o manto do Messias e guardam dentro de si poderes de infinito. Os pequenos e grandes gestos feitos por Jesus nos levam a pensar que tais gestos são verdadeiros "sinais" que revelam o "rosto" do Pai que ama essas filhas.

Em outro contexto, encontramos a mulher encurvada a que Jesus dá o nome de "filha de Abraão". Ele aproveita a ocasião para dar um novo sentido à lei de Moisés e à fé exemplar de Abraão. Com autoridade e sem rodeios, contrapõe: "Esta filha de Abraão não tem o mesmo direito que o boi e o asno do estábulo, que bebem água em dia de sábado?" (cf. Lc 13,14s).

A tal mulher nada pede a Jesus. É ele que se aproxima para tirar-lhe o estigma que a excluía do lugar sagrado, pois, para o judeu, ter contato com o Templo de Jerusalém significava observar rigidamente sérias prescrições ditadas pela Torá. Essa *filha de Abraão*, isto é, filha da herança deste povo fiel a Javé, tem o direito de ser incluída juntamente com todos os seres humanos que aí se encontram no templo sagrado. Ela tem o direito de viver a lei que foi dada para todo o povo; não para estar fora do templo, mas sim dentro dele e da sua sacralidade.

Para chegar a esta inclusão, Jesus não olha para o templo e nem para o tempo, considerado sagrado, segundo a religião do povo. O sagrado foi feito para servir à pessoa humana necessitada e não para submetê-la. O sábado foi feito para o ser humano e não o ser humano para o sábado.

Essa *filha de Abraão* lembra a dignidade humana e o direito, ela pertence à nação eleita, à descendência davídica. Não é apenas uma descendente, mas é da descendência messiânica. O que se percebe, claramente, é que a plenitude e o cumprimento da lei passam pela transgressão do sagrado para que haja misericórdia, inclusão, vida e não sacrifício.

Em João e sua comunidade, a filha amada do Pai é um nome coletivo, é a *filha de Sião*, o povo eleito, o povo da Aliança que recebe seu Rei-Messias montado em jumento (cf. Jo 12,15). Isaías expressa bem esta experiência, quando toma a figura feminina da mulher para garantir a seu povo a segurança e a liberdade que o Pai, como Criador e origem da vida, promete a Israel, em todos os tempos: "Por acaso uma mulher se esquecerá da sua criancinha de peito? Não se compadecerá ela do filho do seu ventre? Ainda que as mulheres se esquecessem, eu não me esqueceria de ti" (Is 49,15).

Concluindo

A Mãe Aparecida reúne em si, no seu companheirismo com todas as mulheres, na sua maternidade fecunda e na sua participação na mediação do Filho de Deus, todo o amor à vida das duas parteiras do Livro do Êxodo; toda a garra de libertação do povo das filhas de Jerusalém, das mulheres de Sião, e, também, a força do profetismo da irmã de Moisés, a Maria do tamborim.

A Mãe Aparecida integra, no seu modo de ser Mãe e Rainha das pessoas necessitadas e na largueza de seu coração, a intensa alegria da mulher que encontrou a moeda perdida, a admiração e a fé indevassável da cananeia, e o amor de Maria de Magdala, que foi proclamada "Apóstola dos Apóstolos".

Enfim, a Mãe Aparecida evoca, com seu olhar, e ao mesmo tempo acompanha, com seu cuidado incansável, a mulher doente, aquela que vive na clandestinidade, a filha de Abraão que nasceu corcunda e até mesmo a mãe que tem a ousadia de esquecer o próprio filho que gerou.

IV — As velas se apagam e se acendem sozinhas

O conhecido milagre das velas é o sinal mais simbólico e rico de significado, depois do encontro da imagem seguido da pesca abundante de peixes, porque tem íntima relação com a vida e a fé. O fato aconteceu no primitivo oratório de Itaguaçu, após quase duas décadas de encontros e orações das famílias daquela região. Eram muitas as pessoas que se reuniam ali todos os sábados, costumeiramente, para cumprir suas devoções.

Certo dia, estavam todos rezando e cantando os louvores da Mãe, quando as velas acesas no pequeno altar da Virgem apagaram-se de repente, sem que houvesse motivo para isso. A zeladora do oratório, dona Silvana da Rocha, procurou acendê-las de novo. Ao aproximar-se do altar, porém, todas as velas se reacendiam sozinhas. Espantadas e cheias de temor e piedade, todas as pessoas que ali estavam exclamaram por três vezes, em voz alta: *"Milagre! Milagre! Milagre!"*.

Este fato histórico, interpretado à luz da fé, representa a força histórica da confiança do nosso povo em um poder de amor que está acima de nós. Ele está entre a terra e o céu para proteger todas as pessoas que acreditam no mistério divino que se revela a nós no cuidado e na atenção às nossas necessidades materiais e espirituais que o Pai não deixa faltar e derramar suas bênçãos continuamente, sobre o mundo todo.

O povo romeiro manifesta sua fé

Basta fazer uma visita à Sala das Promessas ou dos Milagres, como os romeiros assim a chamam, para compreender e captar a dimensão da fé que o povo deposita na intercessão da Mãe Aparecida junto a seu Filho Jesus. As manifestações de fé do povo romeiro que vai ao Santuário Nacional, leva consigo figuras esculpidas, seja em madeira ou barro, seja moldadas em cera, pinturas ou desenhos.

Oferecem também presentes que lhes são caros, como, por exemplo, um vestido de noiva que marcou a história de um casal que se uniu pelo sacramento do Matrimônio, a bata usada no Batismo do filho, um quadro precioso da Virgem que tinha lugar de destaque e respeito na casa da família.

Estas manifestações de fé representam a graça recebida pela recuperação de um membro do corpo que lá está modelado em barro, em cera, ou em madeira, e assim por diante. Representam partes do corpo que foram atingidas por doenças, por um tombo, ou mesmo que foram lesionadas em acidentes de trabalho, de trânsito etc.

Na Sala dos Milagres a pessoa se encontra em meio a uma multidão de figuras de cura representativas não só do corpo sanado, mas também da alma que recobrou a paz, do espírito que se livrou da angústia e da dúvida e da identidade que se confirmou na fé, na esperança e no amor.

Trata-se de expressões de fé relacionadas com a fragilidade humana e o poder da fé, que faz de seu Deus aquele que cura, consola e pacifica. A humanidade, desde a Antiguidade, sempre buscou nessas expressões de fé uma relação que ultrapassa sua condição limitada e frágil.

Um jeito próprio de agradecer

Os gestos da Mãe Aparecida chegam aos romeiros e romeiras em forma de graças que são chamadas de milagres.

A Mãe Aparecida sempre retribui com graças ao pedido de súplica de seus filhos e filhas. E assim continua até os dias de hoje. E lá se vão trezentos anos de agradecimentos, súplicas e encontros que tiveram, a seu tempo, a resposta que cada pessoa buscava e esperava de sua Mãe.

Agradecer os gestos da Mãe Aparecida é dar um toque solene às graças obtidas pela fé, a ponto de a pessoa se tornar patrocinadora dos feitos de Nossa Senhora. É o que chamamos de testemunho, isto é, tornar público a todos aquilo que a Mãe Aparecida faz para cada pessoa que a ela se dirige nas várias situações da vida.

Nesse clima de fé, esperança e profundo amor, o povo romeiro cai de joelhos para se derramar em prece. Levanta as mãos, estica os braços para agradecer e solta a voz retumbante que ecoa no céu junto ao Pai, que vive com o Filho e o Espírito Santo, para cantar a toda voz:

Graças vos damos, Senhora, Virgem por Deus escolhida
Para mãe do Redentor, ó Senhora Aparecida!

Louvemos sempre a Maria, Mãe de Deus, autor da vida
Louvemos com alegria, a Senhora Aparecida!

Se quisermos ser felizes, nesta e na outra vida
Sejamos sempre devotos, da Senhora Aparecida!

E na hora derradeira, ao sairmos desta vida
Intercedei a Deus por nós, Virgem Mãe Aparecida!

Como a rosa entre os espinhos, de graças enriquecida
Sempre foi pura e sem mancha, a Senhora Aparecida!

Do casto seio de Ana, sem pecado concebida
Foi a Rainha dos anjos, a Senhora Aparecida!
(Popular brasileiro – DR)

O povo romeiro encontra modos criativos de agradecer a Mãe, que vão desde o antigo costume de comprar as mais retocadas velas para acender em agradecimento ou pedir graças até trazer-lhe esculturas e modelagens de membros do corpo em sinal de agradecimento pela cura. Assim como também lhe oferecerem vestidos de noiva, batas de Batismo, capas bordadas e coroas.

O tear do povo romeiro

Na grande tradição das religiões que adoram o Deus único do Oriente, o tear simboliza a estrutura e o movimento do universo. O tear é feito por dois rolos de madeira sustentados por uma moldura simples. O rolo de cima recebe o nome de rolo do céu, e o de baixo representa a terra.

O trabalho de tecelagem é bastante duro e exige muita criatividade. Quando o tecido está pronto, a pessoa que tece corta os fios que o prendem ao tear e diz uma oração em ação de graças por ter conseguiu tecer aquilo que desejava.

O romeiro e a romeira também tecem a coroa da Mãe Aparecida, deixando fluir toda a arte e a criatividade que o amor contido no coração derrama sobre a tecelagem da coroa. Mesmo sendo um trabalho duro, eles enfrentam qualquer dificuldade e nada mais importa, a não ser tecer a coroa, que se reveste de um significado que vai além disso tudo.

A carga simbólica do tear que vira coroa

Para conhecer...

Uma carga humana espiritual muito forte é o que nos leva a retomar alguns aspectos do simbolismo da coroa. Tais aspectos estão presentes na devoção e no culto que as pessoas romeiras cultivam para com a Mãe Aparecida. Destacamos três desses aspectos simbolizados pela coroa:

- o lugar que a coroa ocupa;
- a sua forma circular;
- a promessa que ela representa.

O primeiro aspecto é referente *ao lugar* que a coroa ocupa com relação à criação. Maria é coroada no alto da cabeça, o que lhe confere uma posição de destaque pelo serviço que dedica a seu povo.

O segundo aspecto é referente *à forma* circular da coroa: ela é um círculo que une o que está acima de Maria, a Igreja celeste, com o que está a seu redor, a Igreja peregrina, caminhante, que habita o Planeta Terra.

A coroa está colocada entre o povo da terra, representado na imagem de Maria, e o céu, de onde Maria exerce seu reinado como serviço aos que mais necessitam de sua presença atuante. Maria se estende junto a Deus Pai, como filha querida, junto a Deus Filho, como Mãe que foi discípula, e junto a Deus Espírito Santo, como esposa a quem abriu suas entranhas de Mãe amável para acolher o Salvador da humanidade.

A coroa, portanto, une a terra com o céu, e a sua forma circular indica a perfeição e a participação da Igreja celeste com a Igreja terrestre.

O terceiro aspecto é referente *à promessa* que a coroa representa. A coroa é colocada na cabeça de alguém que passou pela prova da tentação, pelo fogo do sofrimento, pelo cadinho da purificação da vida em peregrinação, para merecer a coroa da imortalidade. Esta é a promessa simbolizada na coroa.

A coroa proporciona dignidade a quem superou os limites da caminhada terrena. Abre acesso a um nível de serviço que eleva e ilumina. Atrai a proteção de Deus e coloca cada pessoa na direção da recompensa definitiva. Essa recompensa se realizará com a conquista da vitória final, que ultrapassa o tempo e o espaço para deixar-se tomar plenamente, pela vida da eternidade.

Títulos de carinhosas invocações de fé

Para rezar...

Cada uma das doze estrelas que formam a coroa de Maria é invocada como: Mãe misericordiosa, Esposa formosa, Presença amiga, Protagonista da história, Mulher profética, Serva fiel, Libertadora do povo, Mulher sem mancha e Senhora do céu e da terra. Por isso a invocamos com muitos títulos e aguardamos um gesto seu de misericórdia que venha ao encontro dos nossos profundos desejos, da nossa firme esperança.

Ladainha de intercessão

Arca da Nova Aliança.
Todos: Coloca-nos junto a teu filho Jesus!

Mãe de Deus e da humanidade.
Todos: Olha por nós, teu povo!

Esposa do Espírito Santo.
Todos: Faze-nos templos desse Espírito!

Mãe educadora.
Todos: Educa-nos para teu Filho Jesus!

Presença sacramental.
Todos: Dá-nos Jesus, Sacramento do Pai!

Protagonista da História.
Todos: Torna-nos pessoas construtoras!

Mulher livre e libertadora.
Todos: Faze-nos pessoas livres!

Mãe da Nova Aliança

Solidarizando-nos...

Essa estrela é a figura que evidencia a forte identificação que o povo alimenta com Nossa Senhora, sobretudo quando em prece, com fé e profundo sentimento de solidariedade com a dor de Maria, ao pé da cruz, reza em coro os momentos de dor e paixão da festa de Nossa Senhora das Dores, em 15 de setembro. Esses momentos de dor são chamados de sequência.

De pé, a Mãe dolorosa, junto da cruz, lacrimosa via Jesus que pendia.
No coração transpassado sentia o gládio enterrado de uma cruel profecia.

Mãe, entre todas bendita, do Filho único aflita, a imensa dor assistia.
E, suspirando, chorava e da cruz não se afastava, ao ver que o Filho morria.

Pobre mãe, tão desolada, ao vê-la assim transpassada, quem de dor não choraria?
Quem na terra há que resista, se a mãe assim se contrista ante uma tal agonia?

Para salvar sua gente, eis que seu Filho inocente suor e sangue vertia.
Na cruz, por seu Pai chamando, vai a cabeça inclinando enquanto escurece o dia.

Faze, ó Mãe fonte de amor, que eu sinta em mim tua dor, para contigo chorar.
Faze arder meu coração, partilhar tua paixão e teu Jesus consolar.

Ó Santa Mãe, por favor, faze que as chagas do amor em mim se venham gravar.
O que Jesus padeceu venha a sofrer também eu, causa de tanto penar.

Ó dá-me, enquanto viver, com Jesus Cristo sofrer, contigo sempre chorar!
Quero ficar junto à cruz, velar contigo a Jesus, e o teu pranto enxugar.

Virgem Mãe, tão Santa e pura, vendo eu a tua amargura, possa contigo chorar.
Que do Cristo eu traga a morte, sua paixão me conforte, sua cruz possa abraçar!

Em sangue as chagas me lavem e no meu peito se gravem, para não mais se apagar.
No julgamento consegue que às chamas não seja entregue quem soube em ti se abrigar.

Que a Santa cruz me proteja, que eu vença a dura peleja, possa do mal triunfar!
Vindo, ó Jesus, minha hora, por essas dores de agora, no céu mereça um lugar.

(Cf. *Missal próprio da Ordem dos Servos de Maria*. Rio de Janeiro: Província do Brasil, 2000.)

É neste momento de dor que Maria se torna a Mãe da Nova Aliança que irrompe do derramamento do sangue todo de Jesus, junto com a água, para dar vida nova à humanidade. O universo religioso do romeiro é povoado pela imagem de Maria solidária ao pé da cruz até o fim, solidária com seu povo na pessoa das mulheres e na pessoa de João (cf. Jo 19,25-27). Essa sua solidariedade desperta a presença do Filho adormecido no coração de cada um de nós e de cada povo.

Tornar presente, atualizar a experiência de proximidade com Deus em seu mistério, através da figura de Maria ao pé da cruz, encontram seu sentido a partir do momento em que se leva em conta o mistério da Encarnação, momento em que Maria adere a esse plano salvífico do Pai. De fato, ao pé da cruz, Maria contempla o ressuscitado no crucificado.

Para o povo romeiro, que transita muito mais pelo sentimento, pelo coração, pelo afeto e pelas profundas emoções que é capaz de comunicar e testemunhar para o mundo, Maria ao pé da cruz passa a ter um sentido plenificado, a partir do mistério da Encarnação. Por isso, a função materna de Maria se dilata tanto, que assume no calvário dimensões universais, passagem inevitável para a glória da exaltação do Cristo ressuscitado.

O simbolismo dessa estrela transporta o romeiro das suas dores para as dores da Mãe. Por isso fala a Jesus o que significa para ele a Mãe que é de todos nós. E ora cantando: "Quando morrias na cruz, tua mãe estava ali!".

Mãe da humanidade

Meditando...

Esse título fala da estrela que simboliza a maternidade humana e divina de Maria. É o símbolo mais forte do marianismo popular brasileiro. O povo sabe que encontra Maria na comunidade de fé da qual faz parte. Reconhece que nesta família de fé existe uma mãe, que é a Mãe de Deus.

A presença de Maria na Igreja como Mãe qualifica as nossas relações de filhas e filhos. No discurso de abertura que o papa fez na Conferência de Puebla, em 1979, Maria é proposta aos nossos pastores como guia nas reflexões e decisões a serem tomadas. João Paulo II fez esta oração: "Que Maria alcance de seu divino Filho para vós, bispos, audácia de profetas e prudência evangélica de pastores, clarividência de mestres e segurança de guias e orientadores; força de ânimo como testemunhas e serenidade, paciência e mansidão de pais".

Amiga do Espírito Santo

Cantando...

Maria mantém uma relação especial com o Espírito Santo. É pelo Espírito Santo que ela se torna fecunda como Mãe, gera o Filho de Deus e, como Mãe, nos adota como filhos e filhas de Deus, porque somos irmãos e irmãs de Jesus Cristo, o Filho Primogênito do Pai. Por isso, Maria continua gerando filhos e filhas que fazem da Igreja de Jesus Cristo uma Igreja profética e solidária.

Maria, a mulher inserida no mistério de Cristo, é invocada como a mulher que recebe do Pai a revelação maior, o mistério da Encarnação do Senhor. Por isso o povo romeiro canta em contemplação: "Faça-se em mim, pobre serva, o que a Deus aprouver!".

Mãe educadora

Aprendendo...

Maria, como Mãe educadora, é símbolo vigilante de todos os momentos da vida humana espiritual de seus filhos e filhas. Essa estrela contém todos os elementos que se encontram nas outras estrelas que adornam o diadema da Mãe. Maria cuida para que o Evangelho nos penetre intimamente, plasme nossa vida de cada dia e produza em nós frutos de santidade. Enquanto nosso povo peregrina por este mundo, precisa de Maria como educadora da fé para que não haja esmorecimentos ao longo da caminhada.

Maria é educadora porque colabora com o plano do Pai que está sendo realizado por seu Filho Jesus; é educadora porque cria condições de crescimento da vida de seu povo; é educadora porque aponta caminhos, cria possibilidades de vida, estimula nossos esforços, nos ensina a construir o Reino que nos traz a felicidade, nos incentiva, nos ilumina e nos fortalece.

Essa estrela é figura do povo de pé fincado no chão e de peito aberto para a entrada do vento do Espírito Santo, um povo que vem rezando:

Santa Maria, Mãe educadora, intercede por nós!
Virgem Santa, apresenta nossas súplicas ao teu Filho,
Mestre das nossas vidas que reina agora nos céus.

Sua misericordiosa graça apague nossa ignorância
na Escola do teu Reino.
E tu, Senhor, tem piedade de nós,
teus discípulos e discípulas!

Todos: Demos graças a Deus!

Presença sacramental

Para saber e suplicar...

O sacramental é um sinal sagrado que guarda semelhanças com os sacramentos. O sacramental é como se fosse o anel de conjunção entre a celebração dos ritos litúrgicos dos sete sacramentos e os gestos, os sinais, as romarias aos santuários, as rezas, as bênçãos, as repetidas consagrações, as devoções, os cultos e as tradições sagradas da religiosidade popular.

É nesse sentido que Maria é presença sacramental no culto que a ela prestamos e na devoção que por ela cultivamos de forma sempre criativa e centralizada no mistério de seu Filho Jesus. É presença sacramental dos traços maternais de Deus, realidade tão profundamente humana e santa que desperta, nas pessoas de fé, as preces da ternura, da dor, mas de modo especial acorda a esperança no íntimo de cada uma.

Ela tem a nossa cor, as nossas feições e o nosso modo de vestir. Relaciona-se conosco como uma pessoa do nosso povo brasileiro e continental. Por isso é aclamada como: "Mãe do céu morena, Senhora da América Latina! Patrona dos oprimidos!".

Com Jesus, construtora da história

Construindo...

Essa estrela simboliza que por Maria Deus se fez carne, tornou-se homem, entrou num povo, se fez o centro da história da humanidade. Maria é o ponto de união, de matrimônio entre o céu e a terra. Sem Maria, o Evangelho se desencarna, se desfigura e se transforma em ideologia, em racionalismo espiritualista. É nesse contexto que Maria é protagonista da História da Salvação, juntamente com Jesus Cristo.

Antes de tudo, Maria faz da Igreja um lugar onde as pessoas se educam para fazer uma história nova, para narrar e celebrar os fatos e os eventos da história dos nossos povos, história essa que parte da compreensão da vida e do ministério concreto do Jesus da História.

Finalmente, para que o nosso anúncio seja claro e profético como o de Maria, ao aceitar ser a colaboradora do projeto salvífico do Pai em Jesus, seu Filho, é bom lembrar que somos convocados a:

- *anunciar* o mistério da Encarnação sem rodeios inúteis, tanto falando de Jesus como homem histórico quanto como Cristo Ressuscitado glorioso;

- *proclamar* que o Cristo ressuscitado e celebrado pela fé da Igreja é o Jesus de Nazaré que partilhou a vida com as pessoas pequenas, com as angustiadas e com aquelas que perderam a esperança;
- *celebrar* na vida o Cristo vivo, o doador do Espírito que funda a Igreja, presente e atuante no mundo, tendo à frente o Senhor da História.

Historicamente, Maria evangelizou *anunciando* com sua vida, *proclamando* com sua palavra e *celebrando* junto com seu povo. Temos, assim, a Nova Criação, e nela inserida a nossa Santa Mãe Maria. Por isso o povo romeiro faz história rezando em coros alternados: "Pelos caminhos da América, há sobre a mesa flores para a festa que vem depois!".

Mulher que liberta

Libertando...

Partindo da nossa extensa realidade continental, considero central o simbolismo dessa estrela. Ela compõe o diadema que orna toda a figura de Maria como *Mãe,* como *libertadora* e como *serva* fiel. No cântico do *Magnificat,* Maria não teve dúvidas em afirmar que Deus é vingador dos humildes e famintos.

São as duas categorias de pobres que ela destaca dentre os muitos de seu povo e da humanidade dos nossos dias. Esta atitude da Mãe do Senhor sempre esteve presente em nossas Comunidades Eclesiais de Base e continua inspirando a prática de todos os Movimentos Eclesiais.

Por esse título, Maria de Nazaré foi resgatada no projeto a que foi chamada pelo Pai. Ela continua propondo mudanças, sejam elas de ordem material, de ordem moral, espiritual ou de conversão pessoal e comunitária aos caminhos do Senhor. Ela nos diz, de maneira enfática, que, nessa diferente ordem humana das coisas, só o Espírito organiza, só o Espírito regenera, só o Espírito plasma e planta, só o Espírito poda para que possamos dar frutos.

Na fala de Maria os pobres estão cheios do poder de Deus. Maria anuncia que esse poder consiste na força do braço de Javé: os pobres se entregam facilmente ao poder salvador de Deus; são pessoas que se sentem excluídas do convívio normal da vida e rejeitadas até por Deus; por isso, elas encontram na religião a melhor solução; para elas, Deus não é um mistério, mas evidência, não é enigma, mas é luz; não enfrentam o poder brutal, mas se confiam no Deus que encontram na própria religião.

Essa estrela figura entre as outras como a estrela profética e próxima dos setores conscientes e comprometidos com a mudança da situação de fome e miséria vivida por nosso povo. Maria, no *Magnificat*, une os dois polos, aquele que evoca a força interior do Espírito e aquele que aponta para a construção do

Reino através do compromisso social, que desemboca no Reino definitivo pregado por Jesus.

Concluindo

As velas que se acendiam e se apagavam simbolizam a chama da fé. A chama de uma vela atrai todos os olhares das pessoas que estão em torno dela.

A vela acesa não pode faltar, por exemplo, num aniversário. Ela evoca a nossa vida feita para a luz e criada para cima, para o ascendente do céu. Todas as velas são a luz da nossa alma.

Nesse sentido, o povo romeiro expressa sua fé indo à Casa das Velas e comprando as mais bonitas para agradar e agradecer à Mãe Aparecida. Em seguida, dirige-se à Capela das Velas para prestar sua homenagem. Junto com a vela acesa, oferece a coroa que enfeita o alto da cabeça de Nossa Senhora como carga simbólica de seu amor incondicional. Atribui à Mãe Aparecida os mais belos títulos de carinhosas invocações, antes de deixar o lugar sagrado e santo.

V A fé do escravo

Eram tantos os pedidos feitos à Virgem da Conceição Aparecida, assim como eram muitos mais ainda os louvores dirigidos à sua poderosa intercessão junto ao divino Jesus! Conta-se que Zacarias era um escravo foragido, que seu senhor o havia comprado para realizar serviço pesado e ganhar dinheiro às suas custas. Ele havia fugido de outro Estado, ficando atocaiado em Bananal, uma pequena cidade do Estado de São Paulo que até hoje pouco se desenvolveu.

Os escravos eram tidos como patrimônio de quem dispunha de dinheiro para comprá-los. Eram considerados mercadoria de comércio. O patrão com mais dinheiro tinha também maior número de escravos a seu serviço e a seu bel-prazer. Pela vida dura que os escravos levavam, viviam em torno de 3 a 4 anos, quando muito. Pelos anos de vida que resistiam, pode-se imaginar a dureza e os maus-tratos que sofriam e que lhe eram praticados, tanto por seus donos como por capatazes.

Nesse sentido, a cumplicidade entre os senhores de escravos era grande, pois escravos eram patrimônio. Zacarias, então, foi denunciado. Seu dono mandou logo um feitor para reconduzir o foragido ao cativeiro de onde havia escapado. O feitor prendeu Zacarias em grossas correntes de ferro e os dois saíram em direção ao caminho da volta.

Ao passarem pela Capela de Nossa Senhora Aparecida, o escravo pediu ao feitor que o deixasse rezar diante da Imagem de sua Madrinha. Seu pedido foi atendido pelo feitor, uma vez que as algemas o mantinham seguro.

A fé, juntamente com a prece de Zacarias, moveu de compaixão a Virgem de Aparecida e cativou seu coração de Mãe, que não aguentou ver o sofrimento do filho amado, Zacarias. O silêncio de seus pedidos foi quebrado pelo barulho da resposta. Enquanto rezava e se derramava em lágrimas e súplicas, Zacarias sentiu as correntes se partirem ao som doce da liberdade.

Ele mesmo, o escravo Zacarias, fez um esforço de fé e de confiança para aceitar o fato tão certo de que a Mãe Aparecida o havia libertado dos grilhões da escravidão. Diante desse fato, o feitor que o acompanhava de volta ao cativeiro deixou cair das mãos os chicotes, abandonou a crueldade de seus olhos turvos de aspereza e deixou-se vencer pelo barulho das correntes que se partiam, deixando o escravo livre.

A fé nos diz que a graça alcançada pela confiança de súplica feita por Zacarias tomou forma concreta naquele momento, porque se encarnou na resposta que o escravo recebeu da Mãe, a quem se dirigiu para suplicar-lhe a última e graciosa chance de libertação para esta vida.

A força do ato de fé e de confiança que dirigimos à Mãe ressoa na vida presente como melodia que prepara a vida futura de todos nós. A força da fé chega junto ao Pai, ao Filho e ao Espírito Santo. O Espírito de Deus nos ilumina no caminho para a eternidade, quando seguimos o Cristo que nasceu de Maria e de quem ela se torna discípula, mulher libertadora, companheira dos caminhantes, Senhora da glória e servidora dos pobres.

Mulher livre e libertadora

Libertando...

Partindo da nossa extensa realidade continental, considera-se central o simbolismo dessa estrela. Ela compõe o diadema que orna toda a figura de Maria como *Mãe*, como *libertadora* e como *serva* fiel. No cântico do *Magnificat*, Maria não teve dúvidas em afirmar que Deus é vingador dos humildes e famintos. São as duas categorias de pobres que ela destaca dentre os muitos de seu povo e da humanidade dos nossos dias. Esta atitude da Mãe do Senhor sempre esteve presente em nossas Comunidades Eclesiais de Base e continua inspirando a prática de todos os Movimentos Eclesiais.

Por esse título, Maria de Nazaré foi resgatada no projeto a que foi chamada pelo Pai. Ela continua propondo mudanças, sejam elas de ordem material, moral, espiritual ou de conversão pessoal e comunitária aos caminhos do Senhor. Ela nos diz, de maneira enfática, que, nessa diferente ordem humana das coisas, só o Espírito organiza, só o Espírito regenera, só o Espírito plasma e planta, só o Espírito poda para que possamos dar frutos.

Na fala de Maria, os pobres estão cheios do poder de Deus. Maria anuncia que esse poder consiste na força do braço de Javé: os pobres se entregam facilmente ao poder salvador de Deus; eles se sentem excluídos do convívio normal da vida e rejeitados até por Deus; por isso encontram na religião a melhor solução. Para eles, Deus não é um mistério, mas evidência; não é um enigma, mas é luz. Não enfrentam o poder brutal, mas se confiam ao Deus que encontram na própria religião.

Essa estrela figura entre as outras como a estrela profética e próxima dos setores conscientes e comprometidos com a mudança da situação de fome e miséria vivida por nosso povo. Maria, no *Magnificat*, une os dois polos, aquele que evoca a força interior do Espírito e aquele que aponta para a construção do Reino, através do compromisso social, que desemboca no Reino definitivo pregado por Jesus.

Mulher que espiritualiza a carne

Vivenciando...

Essa estrela representa a porta que se abre para que cada ser humano possa entrar em contato com os arquétipos femininos, quer dizer, os primeiros traços com os quais nós todos nascemos no nosso corpo, alma e espírito. Esses traços, chamados arquétipos ou registros, estão quase apagados do código genético humano por causa da nossa cultura excludente, principalmente com respeito à mulher.

Os arquétipos ligam a humanidade com o céu e a terra. Eles nos ensinam que nada se divide, nada se separa, mas tudo converge para o mesmo ponto: *Deus, comunidade de amor.*

Por Maria, Deus se fez carne, tornou-se homem, passou a fazer parte de um povo para que o plano do Pai adquirisse uma forma humana que fosse inteligível para toda a humanidade. O povo peregrino conhece bem tudo isso. Conhece suas raízes de fé cristã, com base nas raízes culturais de fé que cultiva e aprofunda na sua experiência de marginalidade. E, também, com base na experiência de descoberta que continuamente faz da presença de Deus na própria vida.

O romeiro e a romeira experimentam Deus em sua ternura de Pai consolador e previdente, até mesmo nas coisas mínimas, aquelas que dizem respeito à sobrevivência, por exemplo, coisas de que precisam para viver. Quando o peregrino fala com a santa de todos os santuários, faz essa experiência do Deus da vida. É a santa que abre o ser humano ao Mistério infinito do Pai e do seu projeto de salvação. É através da santa dos mil nomes que o romeiro e a romeira encontram motivação interior para continuar vivendo e evangelizando com a doação dessa mesma vida que não lhe pertence.

A coroa tecida com estrelas ou com flores afina o sentimento da pessoa peregrina e a leva a descobrir que, na relação terrenal com a Mãe, entra a relação celestial com o Pai. O símbolo dessa estrela evocativa traz o céu para mais perto do romeiro e da romeira, suaviza o suor do seu rosto. Por isso, em todas as romarias e peregrinações não pode faltar o canto-oração que grita em prece: "Imaculada, Maria de Deus! Coração pobre acolhendo Jesus. Mãe dos aflitos que estão junto à cruz!".

Preside ao serviço na Igreja e no mundo

Servindo...

O simbolismo dessa estrela inscreve-se no reconhecimento popular que reclama a construção inclusiva da nossa história, da nossa evangelização e de uma Igreja aberta não só aos homens, mas às mulheres, pois elas são a maioria.

Maria se apresenta no meio do nosso povo romeiro do Brasil a serviço da comunhão evangelizadora. Ela pertence a esse povo de servidores e seu modo de servir é doando Cristo ao mundo. É um serviço que só ela pode realizar como Mãe de Deus. Pois é da sua carne e do seu sangue transformados em leite e dos seus cuidados de Mãe que, através de Jesus, redimiu a nossa relação com o Pai.

Ao levarmos a sério a atitude de Maria, somos todos provocados a seguir o jeito que ela tem de presidir todo o serviço na Igreja, na sociedade e no mundo:

- Maria abre mão de seu projeto pessoal para aceitar o Projeto da Encarnação com todo o seu mistério de fé e de nebulosidade (cf. Lc 1,26-38);
- a seguir, parte às pressas, célere para as montanhas de Judá a fim de ajudar Isabel, mais necessitada e idosa do que ela (cf. Lc 1,39-45);
- no encontro que tem com Isabel, não na sinagoga, mas no ambiente doméstico da casa de Zacarias, dá-se a explosão missionária com a aproximação física do Messias com o Precursor, ambos anunciados por duas mulheres;
- ela conhece a pobreza e o sofrimento, a fuga e o exílio (cf. Mt 2,13-23);
- antecipa-se ao abrir a comunidade dos discípulos à fé, no primeiro sinal feito por seu Filho, nas Bodas de Caná (cf. Jo 2,1-11);
- experimenta em seu coração de Mãe de Deus e de toda a humanidade o abandono do Pai, quando deixa seu Filho morrer numa cruz (cf. Jo 19,25-27);
- com fatos, favorece a fé da comunidade apostólica em Cristo, preside a oração do cenáculo e recebe, com os apóstolos e as outras mulheres, o Espírito Santo que funda a Igreja de Jesus Cristo (cf. At 1,12-14).

Com essas atitudes e com esses fatos, Maria é garantia para a grandeza da mulher de todos os tempos. Ao realizar sua vocação, através do serviço mostra a forma específica de ser mulher, de ser alma dos fatos. Estes não são apenas *facta bruta*, mas, como canais, trazem dentro de si a graça salvadora de Jesus.

Maria nos dá a conhecer como se espiritualiza a carne e como se encarna o Espírito de Deus Pai. O serviço de Maria à humanidade consiste em abri-la ao Evangelho, movê-la à obediência: "Fazei tudo o que ele vos disser" (Jo 2,5).

A isenta de pecado

Purificando-nos...

A estrela que simboliza a Imaculada une a humanidade com a divindade. O ventre de Maria é imaculado porque interpenetra a divindade com a humanidade. Por isso, o núcleo da verdade que nos é comunicado pela Imaculada Conceição é o da relação entre o divino e o humano. Existe aqui um ponto de intersecção por meio do qual se dá a comunhão de dois polos, que só a graça salvadora pode realizar em nível do humano com o divino.

Esse ponto de intersecção é uma mulher, a Imaculada Conceição. É a pessoa sobre a qual Deus exerce sua graça de envio, de missão, que Maria acolhe em sua própria corporeidade.

Pela força do Espírito Santo, essa graça chega até a nossa realidade limitada, mortal, fechada em si mesma. A chegada gloriosa dessa graça salvadora abre cada ser humano para acolher o dom que invadiu a Imaculada e a tornou Mãe de Deus e Mãe da Humanidade.

A missão do nosso povo romeiro de Aparecida nasce do encontro que ele tem com a santa em seu santuário em peregrinação, como povo que caminha em direção à casa do Pai. Ele sai do santuário cheio do Espírito evangelizador. Sim, porque a força do Espírito que passa por Maria é que torna o Evangelho mais carne e mais coração de todos os seus devotos. Por isso o povo reconhece e promete: "Ó Maria concebida sem pecado!".

Ó Maria, concebida sem pecado original,
Quero amar-vos toda a vida, com ternura filial.

Refrão: Vosso olhar a nós volvei! Vossos filhos protegei!
Ó Maria, ó Maria, vossos filhos protegei! (bis)

Mais que a aurora sois formosa, mais que o sol resplandeceis!
Do universo, Mãe bondosa, o louvor vós mereceis.

Nesta terra peregrina, nós buscamos vida e luz;
Virgem santa, conduzi-nos para o Reino de Jesus!

Exaltamos a beleza com que Deus vos quis ornar.
Vossa graça de pureza venha em nós também brilhar.
(DR)

Companheira dos caminhantes

Caminhando...

O simbolismo dessa estrela faz o povo trazer Deus para mais perto de si. O povo prefere depositar sua confiança em Maria, ao invés de ir diretamente a Deus. A fiel companheira do Senhor em todos os seus caminhos cuida com amor materno e vela também por todos os irmãos e irmãs de seu Filho que ainda peregrinam nesta terra. Seu grande cuidado é o de que todos tenham vida abundante e cheguem a ser adultos em Cristo.

A figura de Maria que caminha no meio dos romeiros e das romeiras, no meio do povo caminhante, evoca o símbolo religioso do peregrino, condição de todas as pessoas que povoam a terra. A pessoa que peregrina faz sua caminhada para alcançar o Paraíso perdido. Dentre as muitas ocupações e pré-ocupações que invadem o coração, a mente e o pensamento do peregrino, a única coisa que ele busca mesmo é a cidade definitiva da pátria-mãe, que é o céu.

Por isso, nosso povo gosta de peregrinações, sobretudo aos santuários dedicados a Nossa Senhora dos Mil Nomes. Neles o povo romeiro celebra a felicidade e a comunhão de se sentir imerso numa multidão de irmãos que têm a mesma Mãe, a Mãe de Jesus, a Mãe da Igreja da qual fazem parte. Junto com a Mãe, o povo se sente seguro e caminha na direção certa para Deus, que o acolhe e o afaga nos seus braços.

A figura de Maria caminhando com o povo acaba se tornando um sinal de luz. Nessa caminhada estão incluídas todas as pessoas que foram vítimas da injustiça, como os nossos mártires: homens e mulheres comprometidos com seu povo, padres, religiosas e religiosos, bispos, gente que deu sua vida por projetos que apontavam e construíam, sem medo, o Reino de Deus.

A grande riqueza que a piedade popular nos traz é essa sensibilidade do caminhar juntos, caminhar em peregrinação. A presença da Mãe junto com o Filho, o Pai que acolhe a todos e o Espírito que doa a atmosfera festiva formam juntos o fio de ouro que sustenta as pérolas da grande coroa da Rainha da Paz e da Alegria.

Essas pérolas simbolizam as peregrinações marianas que o povo realiza na pobreza, na purificação, na resistência e no despojamento. A recompensa do término da caminhada terrena é viver a Igreja terrestre que se vai plenificando na luz e na revelação da Igreja celeste. Como figura evocativa, essa estrela leva o romeiro a rezar com fervor.

Mãe da solidariedade

Contemplando...

Essa estrela é a figura que evidencia a forte identificação que o povo alimenta com Nossa Senhora. O universo religioso do romeiro é povoado pela imagem de Maria solidária, ao pé da cruz, até o fim, solidária com seu povo na pessoa das mulheres e de João (cf. Jo 19,25-27). Essa sua solidariedade desperta a presença do Filho adormecido no coração de cada pessoa e de cada povo.

Atualizar a experiência de proximidade com Deus em seu mistério, através da figura de Maria ao pé da cruz, encontra seu sentido a partir do momento em que se leva em conta o mistério da Encarnação, momento em que Maria adere ao plano salvífico do Pai. De fato, ao pé da cruz, Maria contempla o ressuscitado no crucificado.

Para o nosso povo romeiro que transita muito mais pelo sentimento, pelo coração, pelo afeto e pelas profundas emoções que é capaz de comunicar e testemunhar para o mundo, Maria, ao pé da cruz, passa a ter um sentido plenificado a partir do mistério da Encarnação. Por isso, a função materna de Maria se dilata tanto, que assume, no Calvário, dimensões universais, passagem inevitável para a glória da exaltação do Cristo ressuscitado.

O simbolismo dessa estrela transporta o romeiro das suas dores para as dores da Mãe. Por isso, fala a Jesus o que significa para ele a Mãe que é de todos nós. E ora cantando: "Quando morrias na cruz tua mãe estava ali!".

Maria da Nossa Senhora da Glória

Vivendo o céu aqui...

Essa estrela é a figura do fim bom da história humana. É o símbolo mais forte que o povo cultiva e alimenta na Igreja da qual faz parte. A festa da Assunção é celebrada na liturgia que toma a Mulher do Apocalipse (Ap 12) para manifestar o sentido e o destino do corpo santificado pela graça. No corpo glorioso de Maria, a criação do cosmo começa a ter parte no corpo ressuscitado de Cristo.

Maria assunta ao céu é a integridade humana, corpo e alma, que agora intercede pelo povo peregrino na história. Ela nos precede como mulher, na experiência da ressurreição da carne. A fórmula do dogma proclamado por Pio XII, em 1950, define claramente: "A Imaculada Mãe de Deus, a sempre Virgem Maria, terminado o curso de sua vida terrestre, foi assunta em corpo e alma à glória celeste".

O fim da vida de Maria, portanto, não se circunscreve nos limites da morte, mas rompe esta barreira e alcança uma plenitude de vida ressuscitada. A festa da Assunção, mais conhecida como a festa de Nossa Senhora da Glória, nos fala do destino final a que todos somos chamados. Não somos prisioneiros de um corpo mortal, mas seremos resgatados e assumidos por Deus em seu mistério de amor. O que se deu em Maria desde o nascimento até a Assunção é uma antecipação daquilo que Deus deseja realizar em cada pessoa humana.

A festa anual de 15 de agosto faz o povo cantar, com saudade, a antecipação da glória celestial: "Com minha Mãe estarei na santa glória um dia!".

Com minha Mãe estarei na santa glória um dia,
Ao lado de Maria no céu triunfarei.

Refrão: No céu, no céu com minha Mãe estarei!
No céu, no céu com minha Mãe estarei!

Com minha mãe estarei aos anjos se ajuntando,
Do onipotente ao mando hosanas lhe darei.

Com minha Mãe estarei e então coroa digna,
de mão tão benigna, feliz receberei.

Com minha Mãe estarei e sempre neste exílio,
de seu piedoso auxílio com fé me valerei.
(DR)

Concluindo

As carinhosas invocações feitas pelo povo romeiro diante do altar da Mãe Aparecida são resumidas numa coroa que ele oferece pelos sinais históricos, que são chamados de milagres. Estes estão simbolizados nas estrelas que ornam a fronte de Maria.

Coroar Maria, portanto, é uma questão de amor. Esse amor nasce do serviço que ela presta ao povo pobre, excluído, massas de gente que marcam de forma vergonhosa o nosso Continente da Esperança. Mas que esperança é essa que aumenta a fome e empobrece as pessoas? Maria é Rainha dessa gente. É Rainha por ser a mulher que acolheu o Reino dentro de si e o comunicou ao mundo, quando disse SIM à proposta do Pai.

Com esta sua atitude, Maria de Nazaré se tornou a discípula que nos precede no seguimento de seu Filho que pregou o Reino de Deus, do qual ela é discípula-mãe. Maria é coroada e é Rainha no âmbito do serviço que a faz participante da realeza de todas as pessoas e comunidades engajadas no serviço aos pobres e desamparados.

Os nossos pastores em Puebla foram generosos em atribuir a Maria alguns títulos, nos quais as comunidades cristãs, ao longo do tempo, nunca haviam pensado nem invocado: Maria como Mãe não só de Deus e da Igreja, mas da humanidade; como serva, educadora e companheira dos peregrinos desta terra; como mulher livre e libertadora e, finalmente, como carne envolvida pelo Espírito Santo, pois, sem ela, o Evangelho se desencarna e se torna ideologia.

VI A menina cega vê a capelinha da Senhora Aparecida

Dona Gertrudes Vaz era de Jaboticabal, município do Estado de São Paulo. Esta senhora alimentava um grande sonho: levar a filhinha cega para receber a bênção da Senhora Aparecida. Quem sabe um milagre acontecesse e sua filha começasse a enxergar! Depois de muito considerar este seu desejo, deixou-se levar pela fé e pela força das orações da comunidade, que a incentivava a fazer essa viagem tão importante.

Certo dia, depois de tantas dúvidas, Dona Gertrudes deixou-se tomar por uma esperança que lhe falava no silêncio de seu desejo de mãe. A voz que escutava era tão forte, que resolveu sair de casa com a filhinha, tomar a estrada em direção à Capela de Nossa Senhora Aparecida e encontrar-se com quem podia socorrê-la na recuperação da vista de sua filha.

Desse modo, certo dia a fé e a esperança levaram mãe e filha a sair pela estrada afora rumo à Capela de Aparecida. A viagem foi penosa e longa. Conta-se que foram três meses de caminhada. Para não esmorecer pelo caminho, faziam um pouso aqui, outro lá, para poder chegar ao destino desejado. A esperança não deixava nem mãe nem filha. As duas conversavam pelo caminho e se animavam uma com a outra até chegarem ao porto desejado da graça.

Depois de tanta peregrinação vencida, chegaram a uma curva da estrada onde todas as pessoas peregrinas faziam o sinal da cruz, ao avistarem a Capela do Morro dos Coqueiros, lugar para onde foi transportado o pequeno Santuário da Virgem. Dona Gertrudes nem bem terminou de se benzer, quando ouviu de sua filhinha esta frase de reconhecimento de que a menina estava enxergando: "Mãe, olhe a capela no morro!". Em seguida, a menina pergunta: "É da Senhora Aparecida?".

A narrativa termina nesse ponto, mas podemos imaginar e até mesmo concluir que mais uma vez a participação da Mãe Aparecida, junto ao poder do Filho Jesus, se fez presente na vida dessas duas pessoas, Dona Gertrudes e sua filha.

Reconheceu a Casa da Mãe

O sentido da visão levou a menina a abrir seus olhos e sentir a força da intercessão da Mãe sobre sua cegueira. A Mãe lhe respondeu dando-lhe a visão, e não com palavras nem aparições. Enxergar significava para a menina que havia chegado o tempo de contar aos outros o que tinha acontecido e como havia conseguido ver a capelinha da Mãe. Era cega e agora vê.

A prática missionária da Mãe Aparecida chega para uma pequena criatura necessitada da visão. Para cada pessoa a Mãe Aparecida tem um gesto gratuito de bondade, colocando-a em relação direta com seu Filho, doador de todas as graças.

Podemos dizer que o Reino chegou para as pessoas cegas através da intercessão de Maria junto ao Filho de Deus, Jesus Cristo. O fato antes narrado fala de algo que é conhecido de todos. Mas só as pessoas mais pobres se abrem para receber os gestos curativos da intercessão da Mãe Aparecida. Foi o que ocorreu com a filha de dona Gertrudes.

A cegueira como sabedoria

A cegueira pode ainda comunicar o fato de uma pessoa ignorar a realidade das coisas e negar a evidência dos fatos. Mas pode significar também alguém que não quer ver as aparências enganadoras do mundo e que, graças a este tipo de cegueira, não tem o privilégio de conhecer a sua profundidade humana, interior, espiritual.

Nesse sentido a cegueira tem dois aspectos, dentro do simbolismo da cultura e da fé: um positivo e outro negativo. Assim, é possível que a visão interior tenha que renunciar à visão exterior para poder enxergar e penetrar na beleza das coisas, tanto das visíveis como das invisíveis aos olhos físicos, mas não aos olhos do espírito.

A pessoa cega evoca a imagem daquela que vê outra coisa, com outros olhos de um outro mundo. Dentro dessa concepção, pode-se dizer que a menina, filha de dona Gertrudes, não enxergava com os olhos físicos, mas via nitidamente com os olhos da fé. Por isso, seus olhos viram a capelinha da Senhora em quem ela depositava toda a confiança na cura de sua cegueira. "Mãe, olhe a capela no morro!". Em seguida, pergunta: "É da Senhora Aparecida?".

A cegueira de que a menina era acometida não a impediu de cultivar sua memória e atualizar aquilo que a mãe lhe falava sobre as graças e os milagres que Nossa Senhora Aparecida fazia a tantas pessoas. A mãe lhe falava da *capelinha* e da *Senhora Aparecida*. Sua memória lhe deu a luz que a fez avistar de longe a imagem que já trazia dentro de si e cultivava com fé. A luminosidade interior que habitava a menina levou a mulher – que trouxe a Luz do mundo, Jesus, para a humanidade toda – a ouvir sua súplica e a comover-se.

Amiga que ajuda

Não deixa faltar o vinho. Maria é amiga sempre solícita para que não falte o vinho na nossa vida. É aquela que tem o coração trespassado pela espada, aquela que compreende todas as penas.

Como verdadeira Mãe, caminha conosco e aproxima-nos de todas as necessidades humanas e espirituais do coração de cada pessoa. O evangelista João nos relata que Maria prepara a festa com as outras mulheres, mas também participa da alegria da celebração do casamento que durou uma semana.

Quando Jesus chega, com sua turma, a casa onde a festa de casamento estava sendo preparada, Maria já se encontrava lá. Quem iria casar, nós não sabemos, só sabemos que havia uma festa de casamento, que é uma das festas mais bonitas até hoje. O fato de estar lá antes de Jesus é uma indicação de que Maria participava da festa não só com sua presença de festeira, mas, provavelmente, também colaborando com a família dos noivos, com as mulheres que ajudavam na festa e com os convidados mais próximos. A participação de Maria se revelou bastante atenta. Diante da falta de vinho, ela – que toma conhecimento do fato junto aos serventes, isto é, aqueles que serviam os convivas – se dirige, imediatamente, a Jesus, dizendo: "Eles não têm mais vinho". E Jesus diz: "Minha hora ainda não chegou".

Com esta frase, Jesus se refere à hora da cruz. Maria não se assusta com esta resposta, pois conhece o filho que gerou e sabe a forma como ele trabalha para o projeto do Pai. No entanto, ela toma nova iniciativa e dá uma ordem aos serventes: "Fazei tudo o que ele vos disser!". E assim foi feito, e a festa prosseguiu.

Mãe que se deixa ver e olhar

Romarias intensas acorrem à Maria para deixar-se olhar pela ternura de seus olhos e de seu afeto profundo. É lá, nos santuários, que se pode observar como Maria reúne a seu redor os filhos e as filhas que, com grandes sacrifícios, vêm para vê-la e deixar-se olhar por ela. Lá encontram a força de Deus para suportar os sofrimentos e as fadigas da vida.

Não é sem razão e muito menos sem motivo que o povo romeiro se dirige à Mãe com tanto carinho e dor, quando se dá conta de uma vida mal aproveitada. Sente-se estimulado no caminho de Jesus, como Maria.

Maria do sim / Ensina-me a viver meu sim /
Ó roga por mim / Que eu seja fiel até o fim

1. Um dia Maria deu o seu sim / Mudou-se a face da terra /
Porque pelo sim nasceu o Senhor / E veio morar entre nós o amor

2. Um dia eu dei também o meu sim / Um sim que mudou minha vida /
Porque dar um sim é igual a morrer / A fim de que Deus possa em nós viver

3. E ensina-se a ser fiel como tu / Vivendo o meu sim cada dia /
Que eu possa no mundo ser um sinal / Da tua humildade, Maria.

(Mary Cecilia - DR)

Maria dirige seu olhar, lentamente, de baixo para cima e de cima para baixo ao pobre romeiro e à prece da romeira. Este olhar torna-se um ritual de bênçãos para quem busca luz para seu caminho transviado. O olhar é carregado de todas as boas paixões da alma e dotado de um poder gracioso que lhe confere uma grande eficácia, a eficácia da graça divina.

O olhar de Maria, como "pastora" de seus filhos e filhas, é como o mar a acariciar nossos pés com suas ondas da graça do

Pai, é ainda o reflexo ao mesmo tempo das profundezas submarinas e do brilho que estas apontam para as coisas cheias de significado que vêm do céu.

É deste modo que Maria leva todas as pessoas que a ela dirigem seu olhar ao olhar do Criador, que olha sua criatura com a ternura que a Mãe lhe passou até os doze anos. Estes dois olhares invocam-se um ao outro como instrumento das ordens interiores, as quais consolam, mostram o caminho e enternecem os desaventos em olhares que revelam o Senhor na pessoa de sua Mãe.

A Virgem que sabe ouvir

O que Deus me diz!

Tanto no culto do Antigo Testamento como na liturgia do Novo Testamento, deixado por seu filho na Última Ceia, Maria acolhe a Palavra de Deus com fé e é com esta fé que ela concebe e dá à luz o Filho de Deus Encarnado. Crendo, Maria concebe e, crendo, ela dá à luz aquele que concebeu na fé. Antes de conceber Jesus em seu ventre sagrado, Maria o concebe nas entranhas de sua fé e de sua mente pura e santíssima, toda voltada para seu Senhor.

Maria ouve e ausculta, isto é, escuta por dentro de seu coração e de seu espírito os acontecimentos da infância de seu Filho, que lhe fala, responde as suas perguntas, ainda que ela não compreenda o que ele quer dizer. Assim foi com o episódio do Templo, quando Jesus se deteve para discutir a lei de Moisés com os doutores de Jerusalém, por ocasião da celebração da Páscoa hebraica (cf. Lc 2,41-50).

Maria sabe ouvir porque sabe silenciar e perscrutar a Palavra de Deus, que entra mansamente em seu coração, em sua mente e em sua vida como um todo. Ela serve de modelo para toda a Igreja nessa escuta, sobretudo na liturgia, onde a Palavra se faz comida e bebida para todos os fiéis que participam da Celebração Eucarística, ponto culminante de toda a liturgia eclesial. Assim alimentada, a Igreja-Povo perscruta os sinais dos tempos, interpreta e vive os acontecimentos da história que interpela a todos nós.

És, Maria, a Virgem que sabe ouvir
e acolher com fé a santa Palavra de Deus.
Dizes "sim" e logo te tornas Mãe;
dás à luz depois o Cristo que vem nos remir.

Refrão: Virgem que sabe ouvir o que o Senhor te diz
Crendo, gerastes quem te criou! Ó Maria, tu és feliz!

Contemplando o exemplo que tu nos dás,
nossa Igreja escuta, acolhe a Palavra com fé.
E anuncia a todos, pois ela é pão que alimenta;
é luz que a sombra da história desfaz.
(Valdeci Farias – DR)

A Virgem que reza

Reze e celebre junto com Maria!

Maria é marcada como a Virgem que celebra e reza em três momentos especiais do povo de Israel, antes da vinda do Salvador e a partir de quando Jesus já está no meio de nós.

O primeiro momento de oração feito pela Virgem se dá pelo Cântico de Ação de Graças que ela proclama com as palavras do *Magnificat*. Essa oração é o espelho da alma de Maria. Ela é feita quando de sua visita missionária à casa de Isabel, que necessitava de ajuda por conta da vinda ao mundo do Precursor do Messias, João Batista. O Messias já está presente e atuante no seio da Virgem que o concebeu. Por isso, ao ouvir a saudação de Maria, a criança estremece no ventre e Isabel fica repleta do Espírito Santo.

Maria faz uma oração dos tempos messiânicos, isto é, dos tempos em que a expectativa milenar dos patriarcas e das matriarcas converge com a expectativa do povo do tempo de Maria, no qual ela é vista e invocada como profetiza que prolonga a oração da Igreja inteira e em todos os tempos.

O segundo momento se dá numa festa de casamento. Aqui Maria faz uma súplica delicada e confiante para prover a uma necessidade temporal. Nesta ocasião, ela faz uma constatação familiar que aponta para um pedido implícito, mas que se faz determinante para o Filho: ele passa a atender ao impulso da graça divina que borbulha dentro dele como ordem saída do plano do Pai. A constatação da Mãe torna-se ordem para o Filho e tudo se resolve nesta frase: "Fazei tudo que ele vos disser" (Jo 2,5).

O terceiro momento é o da presença orante da Virgem na Igreja Nascente. Lucas é o único evangelista que coloca Maria no nascimento da Igreja pelo Espírito Santo. A Mãe de Jesus é apresentada como que presidindo a oração dos Onze e das outras mulheres, suas companheiras e familiares de Jesus.

A Virgem que doa Jesus ao Mundo

Aprenda!

Maria é conhecida também como *a Virgem oferente*. O episódio da Apresentação de Jesus ao Templo, para ser consagrado ao Pai – como era costume fazer com o primogênito (cf. Lc 2,22-35) –, inspirou a nossa fé para descobrir o sentido mais profundo da narrativa evangélica, que é penetrar o Mistério de Cristo como Salvador, nos seus distintos aspectos.

Em primeiro lugar, Maria doa ao mundo o Filho, que traz a universalidade da salvação nas palavras de Simeão. Este se dirige ao menino como Luz que ilumina as nações e que é a glória de Israel (cf. Lc 2,32). Depois, volta-se para Maria e diz-lhe que esse Filho será sinal de contradição e que uma espada lhe transpassará a alma (cf. Lc 2,34-35). Entrevê-se aqui o Mistério salvífico da cruz que se verifica no alto do Calvário.

Esta íntima união da Mãe com o Filho na obra da Redenção se perpetua como memorial do Senhor na Páscoa da ressurreição e se atualiza nos nossos dias sobre os altares em torno dos quais todo o povo de Deus, presidido pelo padre, concelebra a vida plena da humanidade toda.

Pode-se compreender e assimilar, à experiência da nossa fé, o fato que revela a íntima relação de Maria com o Mistério pascal, quando o povo ora cantando os versos populares brotados da sabedoria popular: "De Jessé nasceu a vara! E da vara nasceu a flor! E da flor nasceu Maria! De Maria o Salvador!".

A mestra de vida espiritual

Faça-se!

A exemplaridade de Maria chega a nós pelo seu culto, que consiste em fazer da própria vida uma oferta generosa e livre a Deus Pai, ele que nos criou por sua bondade e nos acompanha em nossa caminhada terrena. Essa espiritualidade antiga e perene está ao alcance de todos os cristãos. Maria viveu esta experiência, e pode-se também entrever que ela antecipou, com seu "FAÇA-SE em mim segundo a tua vontade" (Lc 1,38), a estupenda oração do Pai-Nosso – "seja feita a vossa vontade" (Mt 6,10).

Todos nós que formamos a Igreja de Cristo e somos membros dessa família procuramos buscar em Maria o modo como cultivou sua vida espiritual. Ela é mestra de vida espiritual para cada pessoa que a invoca, por três motivos importantes.

- Primeiro, porque deu entrada livre ao Espírito Santo, que fez de seu corpo um sacrário vivo, onde Jesus tomou forma humana. Coroou a entrada do Espírito nela com um SIM livre e consciente.
- Segundo, porque deu a Jesus de sua carne e de seu sangue, de seu espírito e de sua alma, e soube doá-lo ao mundo por inteiro, ao pé da cruz no Calvário.
- E, por fim, Maria é mestra de vida espiritual, porque foi fiel ao plano que o Pai tinha de salvar a humanidade enviando, ao mundo, seu Filho amado. Deixou de lado todos os seus planos de jovem mulher judia e entregou-se totalmente ao Pai como filha amada.

Concluindo

Em primeiro lugar, destaca-se o olhar da menina que vê a capelinha. Este olhar e ver é símbolo e instrumento de uma revelação provocada pela fé da menina e reforçada pelo vigor e pela persistência da confiança da mãe, dona Gertrudes Vaz.

Em segundo plano, sobressai a prece que invoca a santa que pode ajudá-la nesta condição de carência. Daí a importância do olhar da menina, que já pode vislumbrar a graça do milagre esperado. E seu olhar, carregado de fé, vê a capelinha e aquela a quem é dedicado o tal lugar sagrado.

Por último, pode-se afirmar que a força da fé da inocência consciente interpela a Mãe que sabe ouvir, a Virgem que pede a Jesus e a Mestra que encaminha para seu filho, o Filho de Deus.

VII — A pedra preciosa da conversão

Certo cavaleiro oriundo do Mato Grosso, mais especificamente da capital, Cuiabá, comercializava pedras preciosas. Ele escutava falar muito da santinha encontrada no Rio Paraíba e das graças que fazia a seus devotos. Mas essas notícias incomodavam o cavaleiro mato-grossense, pois era descrente.

O vaivém de pessoas que peregrinavam continuamente, pelo Vale do Rio Paraíba, o incomodava muito, porque sentia uma força dentro dele que o fazia pensar e refletir sobre esse fenômeno que levava pessoas acorrerem a uma santa feita de barro. Pensava: "Que povo cego! Acreditar no poder de um pedaço de barro!".

Assim, para desafiar a fé das pessoas peregrinas e a si mesmo, resolveu que entraria a cavalo na capela. E ele realmente tentou fazer isso. Mas foi impedido. Na escada que dava entrada à capela, o cavalo empacou. E, por mais que o dono o chicoteasse o animal, não ele obedecia e não saia do lugar.

Diante da resistência do cavalo, o cavaleiro deixou a sela, desceu e olhou com atenção as patas de seu animal, na tentativa de descobrir o motivo pelo qual o animal não o atendia. Ao verificar o motivo, o cavaleiro não resistiu à força com que aquele fato repercutiu dentro dele, e ali mesmo caiu de joelhos, pedindo perdão; a pata do cavalo estava fixada na pedra da escada e não se movia.

O cavalo mostrou mais sentimento de humanidade e respeito pela liberdade alheia que o desafio do cavaleiro de enfrentar essa liberdade de um povo cheio de fé e de esperança no jeito que Deus tem de se revelar a seus filhos e filhas.

Até hoje, o tempo não conseguiu apagar as marcas da ousadia do cavaleiro, retratadas na ferradura que o cavalo deixou na pedra. Quem for visita o Santuário de Aparecida não pode deixar de ir a esse lugar onde se deu o arrependimento e a conversão daquele cavaleiro.

Poderíamos continuar fazendo a narrativa de muitos outros fatos que marcaram a vida de fé e de esperança do povo brasileiro. Mas o importante nisso tudo é a confiança que as pessoas sempre depositaram na Mãe de Aparecida como aquela mulher que participa das graças que Jesus dá a todos e que divide com seu Filho esse serviço de distribuir os benefícios obtidos pelo sangue de Jesus derramado sobre a cruz no Calvário. Os cantos e as louvações do povo peregrino narram um pouco desses fatos.

A Mãe Aparecida é uma mulher evangelizadora de seu povo peregrino. Não é só a Mãe que acolhe, escuta e consola as pessoas que a ela recorrem nos desaventos da vida. Também tem seus recados de Mãe, ensinando os mandamentos deixados por seu filho; aponta o caminho para segui-lo na vida de cada pessoa e corrige o que houver de errado em nossas relações para com os outros e também para com Deus.

À Mãe Aparecida se atribui a missão de ser uma mulher evangelizadora pelo seu testemunho, pelo seu modo de responder aos desafios que enfrenta e de anunciar o Cristo vivo a seus filhos e filhas.

O Papa Francisco nos deu exemplo disso ao publicar um documento que tem o nome de Exortação Apostólica. Chama-se *A alegria do Evangelho*. No fim do documento, ele apresenta Maria com seu jeito de evangelizar.

Vivendo no meio do povo

Maria nunca está sozinha no meio do povo, mas na companhia do Espírito Santo. Por estar junto com o dinamizador de todas as coisas e de toda a História, envolve-se com o povo, com os acontecimentos concretos da vida dele, ou seja, com a realidade que cada pessoa vive e sofre.

Maria está junto do povo no sentido de estar no meio dele, permanecendo atenta às moções do Espírito Santo, seu companheiro de evangelização, para assegurar a esse povo a presença do Cristo Vivente, para o qual aponta. Ela se faz povo, é membro desse povo a partir da sua presença em meio às mil culturas nas quais ela é conhecida e invocada.

O documento citado diz ainda que ela manda homens, mulheres, jovens e crianças, todo mundo, sair da Igreja, de suas sacristias e deixar seus seculares modos de fazer uma evangelização que não permite que o povo cresça, para ir às periferias, onde estão os mais necessitados.

O Papa Francisco falou que é preciso sair do sofá, calçar as sandálias e anunciar a Boa Notícia às pessoas necessitadas e esquecidas pela própria Igreja, que somos nós. Ele prega que não é mais tempo de esperar que as coisas mudem. Nós é que temos de transformar a realidade que pesa sobre tanta gente que sofre.

A provocação da Mãe Aparecida

A fala do Papa Francisco nos impulsiona a reconhecer que Maria, invocada como Mãe Aparecida, é uma mulher provocadora no seu modo de evangelizar e de nos convocar para esta missão de pessoas batizadas. Com essa sua atitude, ela quer nos mostrar alguns aspectos do processo de evangelização.

Em primeiro lugar, a atitude dela nos convoca a termos uma aproximação mais eficaz e eficiente no meio do povo, bem como a estarmos atentos às moções do Espírito Santo que trabalha dentro de nós. Nunca podemos ir sozinhos para a missão evangelizadora do Pai.

Em segundo lugar, ela nos mostra que não podemos ficar parados diante do movimento social, cultural e religioso que todas as pessoas estão vivenciando hoje, mesmo nos lugares distantes dos grandes centros habitados e da sua civilização nem sempre humana. O documento papal diz que toda essa dinâmica tem a ver com a mobilidade que o mundo vive nos dias de hoje.

Em terceiro lugar, Maria nos testemunha a ação do Espírito Santo, que trabalha naquilo que ela faz. Basta trazer presente o SIM que dá a Deus Pai no momento em que é anunciada como Mãe do Salvador. Outra cena importante e provocadora é a presença da Mãe reunida no cenáculo no dia de Pentecostes, na fundação da Igreja. Ainda que o Livro dos Atos dos Apóstolos nada fale que Maria tenha saído pregando, a presença dela no acontecimento da descida do Espírito Santo já é uma explosão missionária na Igreja de hoje e de sempre.

Gerando a Nova Criação

Assim diz o documento: ao pé da cruz, na hora suprema da Nova Criação, Cristo conduz-nos a Maria: conduz-nos a ela porque não quer que caminhemos sem uma mãe; e, nesta imagem materna, o povo lê todos os mistérios do Evangelho. Não é do agrado do Senhor que falte à sua Igreja o ícone feminino.

Como geradora do autor que trouxe a Nova Criação, Jesus como o Cristo ressuscitado, Maria é proposta a todas as mulheres e a todos os homens como aquela que foi a primeira criatura da Nova Criação, a mulher que gera filhas e filhos novos para a Igreja e para toda a humanidade.

Maria gera filhas e filhos ao pé da cruz. É a mãe que, gerando, doa Jesus ao mundo. Doar Jesus ao mundo como faz Maria é desencadear o processo de evangelização que nos instala e dar o nosso SIM, livremente, para a obra dos séculos, quer dizer, realizar o projeto do Pai que enviou seu Filho para salvar a todos.

Finalmente, somos pessoas geradoras da Nova Criação à medida que nos mobilizarmos para dar uma resposta de compromisso social e de fé aos desafios do tempo presente, que traz um passado carregado de contradições; à medida que nos desinstalarmos do nosso sofá para lançar nosso olhar com fé e esperança para o futuro do Reino.

Habitando no coração das pessoas

Ao terminar de escrever um outro parágrafo do documento, o Papa Francisco toma como exemplo um padre da Igreja do século XII, o Beato Isaac da Estrela, num de seus sermões em que fala de Nossa Senhora: "No tabernáculo do ventre de Maria, Cristo habitou durante nove meses; no tabernáculo da fé da Igreja, permanecerá até o fim do mundo; no conhecimento e no amor da alma fiel, habitará pelos séculos dos séculos".

A ousadia das palavras com que o Papa Francisco atribui a Maria esta ligação com a humanidade o leva a dizer que ela ultrapassa os tempos de sua morada em nós. Penetrar neste mistério se dá pelo coração e Maria foi chamada de modo especial a dar forma humana ao mistério de Deus.

Por isso podemos dizer em palavras mais simples e diretas que "no tabernáculo do seio de Maria, o Cristo habitou durante nove meses; no tabernáculo da fé do povo, habitará até o fim do mundo; e no amor da pessoa fiel, habitará pelos séculos dos séculos".

Transformando as situações difíceis

O documento narra ainda como Maria fez quando nasceu Jesus em Belém: Maria é aquela que sabe transformar um curral de animais na casa de Jesus, com uns pobres paninhos e uma montanha de ternura.

O nascimento que a mulher de Nazaré nos traz dá forma humana à ação do Espírito de Deus no meio de nós. Esse novo nascimento não exclui a contribuição humana. Mas não é somente com tal contribuição que esse nascimento dá início a uma nova vida.

Maria nos traz um *novo nascimento*, através do qual Deus toma forma humana. Maria nos traz uma *nova vida*, que nos abre para um novo modo de estar juntos um do outro. Maria ainda nos traz um *novo modo de viver*, que acolhe as situações difíceis e as transforma em uma montanha de ternura.

Viva a Mãe de Deus e nossa / Sem pecado concebida /
Salve, Virgem Imaculada / A Senhora Aparecida

1. Aqui estão vossos devotos / Cheios de fé incendida /
De conforto e de esperança / Ó Senhora Aparecida!

2. Virgem Santa, Virgem bela/ Mãe amável, Mãe querida!
Amparai-nos, socorrei-nos / Ó Senhora Aparecida

3. Protegei a Santa Igreja / Mãe terna e compadecida
Protegei a nossa Pátria / Ó Senhora Aparecida

4. Oh! Velai por nossos lares / Pela infância desvalida
Pelo povo brasileiro / Ó Senhora Aparecida.

(José Vieira de Azevedo - DR)

Criando um estilo mariano de evangelizar

Continuando nessa apresentação, o documento afirma que há um estilo mariano de evangelizar dentro e fora da Igreja. Sim, porque, sempre que olhamos para Maria, voltamos a acreditar na força revolucionária da ternura e do afeto. Nela, vemos que a humildade e a ternura não são virtudes dos fracos, mas dos fortes, que não precisam maltratar os outros para se sentirem importantes. Maria é a profetisa que proclama a justa vingança de Deus. As palavras do *Magnificat* atribuídas a ela nos ensinam o modo mariano de evangelizar. Em palavras mais simples, podemos dizer que o *Magnificat* de Lucas, inspirado no cântico da matriarca Ana, mãe de Samuel (cf. 1Sm 2,1-11), celebra a inversão das condições estéreis de seu povo, transformando-as em condições históricas de benefício.

Os fatos que Maria proclama neste cântico nos dão a entender seja o modo mariano de anunciar a Boa Notícia, seja o modo terno e humilde de proclamar a verdade das massas empobrecidas. Podem-se destacar os versos ternos de um estilo mariano próprio de evangelizar: a sua bondade se estende de geração em geração sobre aqueles que o temem; e exaltou os humildes; os famintos o Senhor cobriu de bens; veio em socorro de Israel, seu servo, lembrado de sua descendência.

Estes versos não excluem os mais fortes e pesados em seu sentido direto, como, por exemplo: ele interveio com toda a força do seu braço, dispersou os homens de pensamento orgulhoso; precipitou os poderosos de seus tronos; e os ricos despediu-os de mãos vazias. E assim poderíamos continuar encontrando outras formas de mostrar o modo mariano de dar a Boa Notícia a toda a humanidade.

Neste cântico, Maria fala de duas categorias de pobres: os humildes e os famintos. A fala desta mulher nos aponta para uma afirmação de que a pobreza que tira a dignidade das pessoas é programada pelas pessoas que detêm poder econômico, sobretudo, e o poder moral, que deriva do poder de manipular dinheiro.

Este processo gerador de caos e de injustiça exige uma mudança nas nossas estruturas sociais e na nossa mentalidade acomodada. Maria proclama que esta ordem econômica e social deve mudar, e mudar a partir da transformação encabeçada pelas massas empobrecidas, pelas pessoas espoliadas, as quais encontram em Deus o Grande Sujeito da mudança, pois a revolução que Maria proclama é divina.

Maria se apresenta como a serva que acolhe o plano de Deus e, ao colocar-se do lado de seu povo, ela o chama de servo a quem Deus socorre. Hoje somos nós as servas e os servos que agem junto ao povo para transformar as situações de morte em condições de humanização que gerem vida para todos.

Os aspectos evangelizadores extraídos do jeito de evangelizar de Maria podem ser relacionados desta forma: *anunciar* que a bondade de Deus Pai, de Deus Filho e de Deus Espírito Santo se estende sobre todas as gerações; *cultivar* a ousadia evangélica de se colocar do lado das pessoas mais fracas em todos os sentidos, sobretudo quando estas são motivo de críticas por parte de seus mais próximos; *compartilhar* com quem precisa porque os bens vêm de Deus e de sua graça infinita; *socorrer*, sem medo, as pessoas que pensam e praticam uma crença diferente da nossa.

Apressando-se em servir

Maria é a mulher orante e trabalhadora em Nazaré, mas é também Nossa Senhora da prontidão, a que sai às pressas do seu povoado para ajudar sua conhecida, Isabel. Esta dinâmica de justiça e ternura, de contemplação e de caminho para os outros, faz dela um modelo eclesial de evangelização.

Os detalhes dessa viagem missionária não são descritos no Evangelho de Lucas. Mas podemos supor que Maria se apressou em organizar sua comitiva para prosseguir em direção à casa de Isabel.

Maria era jovem, mas Isabel necessitava de ajuda, porque era de idade avançada. Diríamos hoje: Como pode uma mulher de idade avançada ter filhos? O Espírito Santo nos responderia: Isso acontece porque Deus quer mostrar que a obra não é dos homens nem das mulheres, mas dele. Portanto, se Deus pode tudo, ele pode também criar novas gerações a partir de antigos troncos de frondosas árvores carregadas de anos.

O fato de se colocar a caminho é próprio da mulher, diante da necessidade de qualquer pessoa. Agora, o fato de pôr-se a caminho, apressadamente, significa que ela se levantou, colocou, em primeiro lugar, a prática da palavra escutada e deu um novo sentido à missão de todas as mulheres e de todos os homens. Não significa com isto que Maria tivesse tudo claro sobre esta missão.

No episódio de sua partida de Nazaré para Ain Karem, cidade em que morava Isabel, Maria nos mostra que a solicitude de Deus para com todas as pessoas se expressa no modo de ser feminino, através da natureza humana que tem na maternidade sua expressão mais alta, maternidade entendida e exercida em favor da vida em todos os seus níveis.

Enquanto a reflexão da fé se preocupa em aprofundar o sentido do envio e do mandato do Ressuscitado referente às mulheres da manhã da ressurreição de Jesus, agora nos deparamos com Maria e Isabel, que se antecipam, consideravelmente, às mulheres da manhã da ressurreição no envio e no mandato missionário.

Maria de Nazaré e Isabel se antecipam às mulheres que chegaram a conhecer Jesus e a segui-lo na sua pregação com os apóstolos. Estamos diante de Maria grávida de Jesus, que se encontra com Isabel grávida de João Batista, aquele que deve preparar o caminho desse Jesus que Maria traz em seu ventre. Estamos diante do encontro das duas mulheres que fazem do seu mistério de vida uma explosão missionária.

Encontrando Isabel

Maria se põe a caminho para a casa de Isabel *cum festinatione,* quer dizer, festejando, em festa, uma festa que provoca o anúncio e a proclama bendita entre as mulheres, por ser a Mãe do Senhor. Jesus chega no meio de seu povo através de uma mulher provinda desse mesmo povo.

No contexto desta explosão missionária provocada pelo encontro de duas mulheres que anunciam o início de uma nova história para o povo de Israel, Maria permanece com Isabel para dar continuidade à realização do mistério que lhe fora anunciado. A demora faz parte do processo histórico anunciado por ela e por sua prima Isabel.

Maria entra na casa de Zacarias e saúda Isabel. Nada se diz da saudação dirigida a Zacarias. Este é o patriarca da casa, mas quem cultiva o mistério que esta casa carrega não é ele, mas sua mulher, Isabel.

É uma cena comovente o encontro destas duas missionárias, sobretudo por se dar na igreja doméstica e não no templo onde Zacarias oficiava como sacerdote. A experiência de Deus que as duas fazem não precisa do toque das trombetas nem dos ritos usados nas celebrações do templo. O Deus feito carne vem na invisibilidade, para ser testemunhado pelas pessoas marginalizadas e humildes que vivem à sombra do todo-poderoso, dispensando os guardiães do templo que viviam dentro de seu mundo sacerdotal. Nesse momento tão importante, é a voz da mulher, Maria, que ouve a voz da mulher, Isabel.

Proclamando o *Magnificat* (Lc 1,46-55)

Ao sentir-se confirmada como Mãe do Senhor Maria prorrompe num cântico de ação de graças com as palavras a seguir.

Em coros alternados:

A minh'alma engrandece o Senhor e exulta meu espírito
em Deus meu Salvador;
porque olhou para a humildade de sua serva,
doravante as gerações hão de chamar-me de bendita.

O Poderoso fez em mim maravilhas e Santo é o seu nome!
Seu amor para sempre se estende
sobre aqueles que o temem;
manifesta o poder de seu braço, dispersa os soberbos;
derruba os poderosos de seus tronos e eleva os humildes;
sacia de bens os famintos, despede os ricos sem nada.

Acolhe Israel, seu servidor, fiel ao seu amor,
como havia prometido a nossos pais
em favor de Abraão e de seus filhos para sempre.

Concluindo

Maria começa a evangelizar estando no meio do povo, vivendo perto dele. É o povo que ela gera. Mais do que isso: ela adota esse povo. Não basta gerar, é preciso acompanhá-lo ao longo da vida. Maria transforma as condições de vida desse povo em uma nova vida, em um novo modo de viver e de se relacionar.

O seu modo de evangelizar converte e se transforma numa ajuda amiga, cuidando para que não falte nunca aquilo que precisamos para viver dignamente como filhas e filhos de Deus.

Maria evangeliza e converte mesmo o coração de pedra. O cavaleiro que mencionamos anteriormente era a pedra bruta que devia ser talhada pelo encontro com a pedra viva da conversão de seu caminho de comerciante. Maria foi o instrumento de Deus que gerou a Nova Criação na alma daquele comerciante.

Diante de seu cavalo que andava nas trevas e que empacou ao pisar no lugar sagrado, o cavaleiro inconsciente tem o coração tocado pela santa, e busca a luz da graça divina. Maria transforma esta situação difícil, ajuda como amiga e apressa-se em servir.

Maria não só, mas também vê, com seu olhar, os olhos do cavaleiro como portas de sua alma, porque ela se deixa olhar e ver pelas pessoas de todas as classes sociais e religiosas. Apressa-se em servir a quem precisa. E serve com alegria e festa!

VIII. A Mãe Aparecida é Rainha e Mãe dos pobres

Dom Aloísio Cardeal Lorscheider, de saudosa memória, arcebispo emérito de Aparecida, assim se pronunciou na ocasião em que o povo romeiro coroou a Mãe Aparecida:

> *Celebrando-se a coroação de Nossa Senhora Aparecida, sentimos a imperiosa necessidade de um aprofundamento teológico desse acontecimento. À primeira vista parece até estranho o fato de uma celebração especial da coroação. Mas a verdade é que por detrás desse fato tem muito amor filial, isso tem.*

Outro pronunciamento por escrito feito pela teóloga Maria Clara Lucchetti Bingemer, da Pontifícia Universidade Católica do Rio de Janeiro, nos dá este testemunho:

> *Num país onde a devoção mariana é de tanta importância, o significado da coroação de Nossa Senhora é central na piedade mariana que aquece o coração dos povos latinos e muito especialmente o povo brasileiro. É algo a destacar certamente a profundidade e a pertinência da parte dedicada à Bíblia que fundamenta a coroação. Não menos digna de louvor é a abordagem feita sobre a realeza de Maria como serviço aos pobres.*

Coroar a Mãe Aparecida é uma questão de amor

Tendo por base uma enquete mariana feita num mês de maio, junto às comunidades de fé de várias paróquias e de alguns estados do Sul e do Leste brasileiros, vale a pena mostrar qual o sentido dado à coroação e o que ela significa para a vida dessas comunidades.

As respostas vieram de periferias e pastorais organizadas que atuam junto aos menos favorecidos. Essas respostas foram generosas e, com elas, se obteve uma variedade do significado que a coroação de Nossa Senhora tem para tais pessoas e comunidades que vivem sua fé no compromisso do Reino.

Podem-se destacar dois significados importantes que formam o núcleo das respostas recebidas e que, ao mesmo tempo, manifestam a profundidade da fé cristã e a sua prática do dia a dia, seja pelo culto, seja pela devoção popular marianos. São estes os significados que a coroação tem para o povo. Coroamos Maria porque ela é Rainha e Mãe.

Em que sentido Maria é Rainha

Maria é Rainha no sentido de ter sido a primeira mulher que nos precede no discipulado do Reino de Deus aqui na terra. Este Reino foi inaugurado por Jesus. O Reino pregado por Jesus é uma categoria que abrange todas as realidades novas nascidas do anúncio. Em que consiste este anúncio?

Consiste no seguinte: o Pai está no meio de seu povo, que somos todos nós, através da Pessoa de Jesus, seu Filho e Filho de Maria. Maria é membro da comunidade que acredita e vive esse Reino, por isso o título de Rainha, quer dizer, esse título nasce da categoria de Reino de Deus, uma vez que ela é discípula-mãe do Reino de Deus pregado por Jesus.

Nesse contexto, a coroação de Nossa Senhora representa, para toda a comunidade cristã, o reconhecimento de Maria como Rainha, por ser membro primeiro da comunidade de fé, pelo fato de ser Mãe do Filho de Deus, Jesus, que pregou o Reino, isto é, as coisas boas e santas que o povo de Deus vive e anuncia ao mesmo tempo. Sendo Rainha, a Mãe Aparecida deve ser coroada como expressão de fé que o povo tem pelo Reino pregado por Jesus.

A coroação de Nossa Senhora não é uma coroação qualquer – como a de reis e rainhas da terra, por exemplo. Ou como arremate de algum feito coroado de sucesso terreno. A coroação de Nossa Senhora significa o agradecimento do nosso coração filial, a manifestação da nossa ternura e do nosso encantamento pelo companheirismo que a Mãe Aparecida tem para com seu povo romeiro.

Maria é coroada aqui na terra como Rainha porque, antes de nós a coroarmos, ela o tinha sido no céu, por seu divino Filho. Por isso é importante que continuemos coroando Maria aqui na terra. Outro motivo para coroar Maria está no fato de ela ser Mãe do povo romeiro.

Coroamos Maria porque ela é Mãe

Várias respostas individuais e outras dadas em grupo ressaltam a realeza de Maria como serviço ao povo, como resposta de seu SIM na Encarnação, como canal que facilita a graça salvadora para a humanidade toda. Jesus se fez ato de justiça porque Maria deu sua adesão ao plano da Salvação, que lhe exigiu doação total da vida ao pé da cruz, junto a seu Filho.

E, finalmente, a coroação torna legítimo o que Maria representa para a nossa vida cristã em termos de fé amorosa, esperança fundante e amor com dimensões universais.

O significado da coroa nos escritos do Novo Testamento

Tanto nas mais antigas culturas como nas crenças religiosas dos povos do nosso tempo, a coroa valoriza a conotação gloriosa da pessoa que a porta, em nome de um serviço que presta ao povo. Ela assinala o caráter transcendente de uma realização bem-sucedida. Sua forma circular indica a perfeição e a participação da natureza celeste de que o círculo é símbolo. A coroa une o que existe na terra com tudo o que existe no céu.

Nessa luz, a coroação de Maria representa um dos momentos altos em que a fé popular experimenta o elo que une a Igreja e a humanidade a Deus, através de Jesus Cristo.

Nos escritos paulinos

Paulo emprega fala de coroação num sentido metafórico, isto é, num sentido figurado, sobretudo no cristianismo primitivo, o qual lhe dá um significado espiritual e religioso. O apóstolo toma o exemplo do atleta que conquista a vitória nos jogos e combates do estádio.

Ele explica que todas as forças vivas desse atleta se concentram numa participação que lhe garanta a coroa como recompensa do seu esforço. Por isso, assim escreve à comunidade de Corinto: "Os atletas se abstêm de tudo; eles, para ganhar uma *coroa* perecível; nós, porém, para ganhar uma *coroa* imperecível" (1Cor 9,25).

O apóstolo arremata esse pensamento escrevendo às comunidades daquele tempo, como, por exemplo, a comunidade da cidade de Filipos, dizendo que a própria comunidade de fé se torna *coroa* para ele, quando a comunidade se mantém fiel aos ensinamentos deixados pelo Senhor. Em seus últimos conselhos, diz a toda a comunidade filipense: "Assim, irmãos amados e queridos, minha alegria e *coroa*, permanecei firmes no Senhor, ó amados" (Fl 4,1).

A coroa para Tiago, primo-irmão do Senhor

Em sua carta datada em mais ou menos I século depois de Cristo, Tiago fala em que consiste o significado da coroa para quem segue as pegadas de Jesus. Para ele, a coroa é o símbolo da recompensa de uma vida santa, concedida àquelas pessoas que, tendo levado a sério o Evangelho no seguimento de Jesus, merecem receber dele a coroa como recompensa definitiva de sua vida, a recompensa escatológica. Assim se expressa: "Bem-aventurado o homem que suporta com paciência a provação! Porque, uma vez aprovado, receberá a *coroa* da vida, que o Senhor prometeu aos que o amam" (Tg 1,12).

A coroa para o Livro do Apocalipse

O capítulo 12 do Livro do Apocalipse começa com estas palavras: "Um sinal grandioso apareceu no céu: uma Mulher vestida com o sol, tendo a lua sob os pés e na cabeça uma *coroa* de doze estrelas" (Ap 12,1). São João descreve uma cena em que uma mulher nos transporta para o momento escatológico do fim bom da História da Salvação de todos os povos, no povo de Israel. Esta mulher traz na cabeça uma coroa de doze estrelas. A coroa da mulher do Livro do Apocalipse traz a marca da consagração a Deus, que lhe dá o direito de exercer o poder como serviço às pessoas e aos povos, com as bênçãos de Javé (cf. Ez 16,12).[1]

---

[1] Quando o autor sagrado, o profeta, narra de maneira descritiva a História simbólica de Jerusalém, Javé fala amorosamente com o povo, dizendo: "Eu te cobri de enfeites: pus braceletes nos teus punhos e um colar no teu pescoço... um belo diadema na tua cabeça" (Ez 16,11-12).

Os profetas, de modo geral, dizem que Israel é a *coroa* de seu Deus. À luz da tradição cristã e da exegese contemporânea, esta mulher é a imagem de Nossa Senhora. A mulher Maria de Nazaré, pertencente ao povo de Israel e da qual devia nascer o Messias, torna-se a Mãe desse Messias e passa a ser a coroa do Deus supremo.

Com base nisso, o conteúdo do símbolo representado pela *coroa* se amplia e a coroa que é colocada na Mãe do Messias aponta, com naturalidade, para a honra, a grandeza, o júbilo, a vitória do Reino de Deus trazido por Jesus Cristo.

Nesse espírito passa-se sem esforço à ideia de vitória escatológica, transcendente, através do símbolo da coroa, que representa a realeza do serviço como construção do Reino anunciado por Jesus Cristo.

O significado da palavra *coroa* no Livro do Apocalipse, de modo particular, vem ligado a muitas situações dolorosas da realidade vivida e sofrida pelas comunidades perseguidas por causa de sua profissão de fé. As citações que seguem nos passam a ideia da realidade daquele tempo. Estamos aqui já no início do segundo século do cristianismo.

O autor sagrado escreve às Igrejas da perseguição, manifestando a urgência com que está chegando o tempo plenificado pelo Espírito de Deus. Aquilo que esse Espírito fala às Igrejas, em meio à perseguição e ao sofrimento, passa pela pena do autor sagrado como se fosse as mesmas palavras que o Espírito dirige às comunidades perseguidas, animando-as para que não se percam e não mudem de rumo.

João escreve como se fosse o Espírito que fala às comunidades submetidas à tentação, para que não esmoreçam do caminho já começado. Por isso escreve dirigindo-se ao Senhor da vida: "Venho logo! Segura com firmeza o que tens, para que ninguém tome a tua *coroa*" (Ap 3,11).

A luta contra o dragão

Para saber...

O romeiro e a romeira se colocam ao lado de Maria, a Mulher vestida com um lindo vestido de sol, com a luz debaixo dos pés e sobre a cabeça uma coroa de doze estrelas (cf. Ap 12,1-2). Inspirado nessa figura, o povo peregrino coloca sua estrela da vitória na coroa da Mãe.

Depois o povo sai em luta contra o dragão que entra no mundo e quer devorar o Filho de Deus que está para nascer do seio da mulher coroada. Mas o mal é vencido e o Filho nasce como o Salvador do mundo e de todas as pessoas que enfrentam o mistério tenebroso do mal. Assim, mais uma estrela é colocada pelo povo na coroa da Mulher do Apocalipse.

Nessa penosa luta do bem contra o mal, o povo romeiro dá um significado de fé para cada estrela que compõe a coroa da mulher forte, aquela que enfrenta o dragão da morte. Por isso, a coroação de Nossa Senhora é a recompensa de cada batalha vencida pelo bem, de cada passo dado no duro chão da história. Para cada estrela da coroa que cinge a cabeça de Maria, é atribuído um significado que envolve a vida inteira do povo que faz esta invocação:

- Maria é a mulher da vitória do bem sobre o mal,
- da misericórdia sobre a dureza dos corações humanos,
- do pecado sobre a graça salvadora trazida por Jesus.

A recompensa dessa luta é a participação nas bodas eternas preparadas pelo Cordeiro pascal. Sobre o monstro destruidor reina agora a reconciliação, a paz, a justiça e o amor que perdura pela eternidade.

Entre a penosa luta do bem contra o mal, o nosso povo prepara, com fé e com lúcida garra, cada estrela que forma a coroa da mulher forte. A coroação de Nossa Senhora, preparada com tanto amor e com tanto carinho e fé, é a recompensa de cada batalha vencida pelo bem, de cada caminhada feita no pedregulho da estrada. Essa luta desemboca na realização da promessa feita às nossas Grandes Mães e às nossas nobres matriarcas; assim como aos nossos Grandes Pais, fiéis e destemidos patriarcas da História da Salvação. Para cada estrela da coroa que cinge a cabeça de Maria, há um significado que envolve toda a vida do povo peregrino.

Por isso, a preparação para coroar Maria se reveste de um significado muito especial. É alguma coisa que vai muito além da coroa enquanto objeto físico.

A coroa e o trono

A seguir, o autor sagrado narra uma visão em que aparece o trono. E o trono evoca o rei. João prossegue descrevendo uma cena da realeza com estas palavras: "Ao redor desse trono estavam dispostos vinte e quatro tronos, e neles assentavam-se vinte e quatro anciãos, vestidos de branco e com coroas de ouro sobre a cabeça" (Ap 4,4; cf. Ap 5–10).

A coroa torna a pessoa participante da realeza do serviço doado à humanidade. Significa dizer que o serviço do governo do mundo é uma função real. Os vinte e quatro anciãos, que no céu representam a Igreja fundada por Jesus Cristo morto e ressuscitado, levam coroas que depositam diante do trono de Deus.

Cristo aparece como o Filho que recebe a recompensa do Pai, através da coroa, por haver realizado o plano da salvação da humanidade. Como o próprio Deus, o Filho é coroado. João escreve: "Os vinte e quatro anciãos se prostram diante daquele que está sentado no trono para adorarem aquele que vive pelos séculos dos séculos, depondo suas coroas diante do trono e proclamando: "Santo, Santo, Santo, Senhor Deus todo-poderoso, Aquele-que-era, Aquele-que-é e Aquele-que-vem'" (cf. Ap 4,10-11).

Para o mundo bíblico, a coroa representa o culto máximo que se pode prestar ao Senhor Deus. A coroa, o trono, a realeza são incluídos como serviço nesse culto. Tudo se dá num contexto de fé cristã e na compreensão profunda do sentido de serviço prestado ao Senhor todo-poderoso.

Depor a coroa diante do trono é demonstrar a finitude humana, a precariedade do nosso ser e o limite da vida, o vazio e o estrangulamento da existência que reclama por harmonia e integração com o Grande Mistério, o Mistério divino que se revela na fraqueza do humano.

Maria e o Reino de Deus

Maria participa da realeza do povo de Deus, como povo constituído em um reino de sacerdotes e uma nação santa. "Vós sereis para mim um reino de sacerdotes e uma nação santa" (Ex 19,6). Todas as alusões bíblicas sobre o Reino proclamado por Jesus mostram claramente a condição régia do povo de Deus, a partir do qual deve-se compreender o título de Maria Rainha. Uma vez que ela é parte desse povo e reúne em si, de modo eminente, os vários aspectos da condição régia do povo de Deus. O Reino de Deus, com efeito, não é um lugar, mas uma relação especial de Deus com cada pessoa e com toda a humanidade.

Maria é a mulher pobre, que se esvazia de si mesma e se abre ao Espírito. Ela acolhe o Reino de Deus e é convidada especial do banquete nupcial, considerado pela Escritura como a *entronização* e a *coroação* no mistério das bodas. Maria vive a plenitude da Luz que vem de Deus, brilha na Luz que de Deus emana e reina como servidora fiel desse Deus (cf. Ap 22,5). Ela alcança a coroa da glória em um contexto de serviço.

Esse contexto evoca uma citação que Pedro, o primeiro papa, escreve aos bispos, seus companheiros de missão. Nesta citação ele também fala da coroa como significado de serviço feito ao povo. Assim escreve ele: "Apascentai o rebanho de Deus que vos foi confiado, cuidando dele, não por coação, mas de livre vontade, como Deus o quer... Assim, quando aparecer o supremo pastor, recebereis a *coroa* da glória que não murcha" (1Pd 5,2-4).

Tal afirmação tem um significado que, até certo ponto, pode ser aplicado ao serviço de Maria no meio de seu povo, o povo que a ama e a proclama Rainha. Esta intuição traz à nossa mente espiritual a figura de Maria como pastora que pastoreia seu povo.

É nesse espírito que Maria é sentida e é suplicada pelas pessoas de fé como Rainha e Mãe de todos. A realeza de Maria se dá a conhecer e chega a nós até pela sua ternura e pelo seu cuidado em atender às necessidades de cada pessoa que a invoca. Maria participa da realeza com a qual o serviço gratuito e querido por Deus faz, de cada pessoa batizada, uma pessoa participante da mesma realeza, da qual se reveste o serviço trazido por Jesus Cristo, e que foi realizado, no seu significado mais profundo, na última ceia.

Aquilo que era desonroso e próprio do escravo torna-se o primado da vida cristã, com fortes ressonâncias na organização da vida humana, sobretudo na sua dimensão espiritual, social e de relacionamento com os outros e com Deus, comunidade de relação amorosa.

Ladainha dos empobrecidos

Ave, cheia de graça, ave, cheia de amor,
Salve, ó mãe de Jesus, a ti nosso canto e nosso louvor!

Mãe do criador – rogai
Mãe do salvador – rogai
Do libertador – rogai por nós

Mãe dos oprimidos – rogai
Mãe dos perseguidos – rogai
Dos desvalidos – rogai por nós

Mãe do boia-fria, rogai
Causa da alegria, rogai
Mãe das mães Maria – rogai por nós

Mãe dos humilhados, rogai
Dos martirizados, rogai
Marginalizados – rogai por nós

Mãe dos despejados, rogai
Dos abandonados, rogai
Dos desempregados – rogai por nós

Mãe dos pecadores - rogai por nós
Dos agricultores, rogai
Santos e doutores - rogai por nós

Mãe do céu clemente, rogai
Mãe dos doentes, rogai
Do menor carente - rogai por nós

Mãe dos operários, rogai
Dos presidiários, rogai
Dos sem salários - rogai por nós

(Pe. José Freitas Campos. CD - 1873-7 - *Maria peregrina com o povo - Nossa Senhora da Libertação* - Paulinas-COMEP.)

Rainha a serviço dos pobres

Maria é Rainha no âmbito do serviço que presta ao plano da salvação do Pai e no sentido de ser a Mãe de Jesus, o esperado pelo povo de Israel e reconhecido por esse povo como Rei-Messias. Ela participa dessa realeza que se concretiza no serviço aos mais pobres, aos esquecidos e largados à própria sorte. É a Rainha-mãe, a *gebirâh* do Reino messiânico (cf. 1Rs 1,16; 2,19). Maria possibilita as núpcias do Verbo, que é a Palavra de Deus, Jesus, com a humanidade.

Nesse sentido a coroa tecida pelo povo romeiro é a figura do serviço de Maria aos pobres. É ela mesma que proclama esse seu ministério no cântico do *Magnificat*. Enquanto as massas pobres e oprimidas clamam por *justiça*, as massas excluídas clamam por *vida*. As massas excluídas se caracterizam por três traços que clamam por vida e, por isso, desafiam toda a profissão de fé em Jesus Cristo.

Em primeiro lugar, as pessoas excluídas se sentem rejeitadas. Esse sentimento exige que se reconheça a dignidade humana dessas pessoas, para que se criem condições de acolhê-las e dar-lhes gestos de amor concreto e gratuito. Em segundo lugar, essas pessoas não gostam de soluções violentas, urgentes ou apressadas. Essa atitude exige de nossa parte respeito pelo seu modo de solucionar graves problemas de forma pacífica e mansa.

Finalmente, as pessoas excluídas encontram na religião a melhor solução. Para essas pessoas, Deus não é mistério, é evidência; não é enigma, é luz. Religião não é problema, mas solução. Tal prática exige que se respeite o direito que elas têm de viver a religião como fator fundamental de sentido e de resposta às consequências da exclusão que pesa sobre essas massas.

As atitudes que clamam por vida, são carregadas de paciência a toda prova, isto é, carregadas de uma paciência histórica. As pessoas excluídas alimentam a confiança na justiça imanente da vida; sonham com a chegada do dia em que "lavarão sua alma" de todas as tribulações e injustiças; aguardam a manifestação plena da vida-com-sentido, sentido que é vida dentro da vida. Como a Maria do *Magnificat* entra nesse sonho empapado de confiança?

Maria coloca-se do lado dessas pessoas quando proclama que a vida está chegando porque...

... as pessoas humildes são exaltadas

Com esta proclamação, Maria diz que está presente em meio a essas pessoas como a mulher que dá vida porque a põe em movimento. As pessoas excluídas querem sobreviver e nada mais; não ousam diante dos desafios, nem se arriscam diante do perigo de expor a própria vida, pois elas têm consciência de que, no enfrentamento de forças, perdem e saem apanhando como sempre.

O que elas procuram fazer é economizar o sopro de vida que lhes vem de Deus. Poupam o desperdício de energia vital para segurar a vida e se manterem de pé com dignidade e soberania. São consideradas, pelo sistema, inúteis e constituem um sério problema para a ordem normal das coisas.

No entanto, essas pessoas são detentoras do segredo da vida e, por conseguinte, são capazes de testemunhar e dizer à sociedade que as exclui que o segredo da vida não está em mãos humanas. É daqui que nasce a profunda e jovial esperança das massas excluídas. Elas colocam esse princípio vital fora do alcance humano, porque o poder sobre a vida pertence a Deus, o Senhor da vida.

Maria coloca-se do lado dessas pessoas quando proclama que a vida está chegando porque...

... as pessoas famintas são saciadas.

Com esta afirmação pública, Maria garante da parte do Deus da vida a grande quantidade de bens que satisfaz a fome e a sede das massas excluídas; deixa entrever nas suas palavras e na sua voz de Mãe da vida, que, das pessoas famintas, não se sacia só a fome, mas a fome e a sede, os sentimentos e os desejos, a comunhão e a participação.

Com essa atitude, ela profeticamente afirma que o Deus da vida cobre as massas excluídas de alimento, de víveres que criam condições sociais de fazer a experiência da felicidade coletiva dos filhos e filhas de Deus; estende por cima das massas excluídas a benevolência do seu gesto e a brandura de sua palavra, que lhes anuncia a Boa-Nova integral: o primeiro dos bens é o pão cotidiano, para que essas massas possam aceder ao pão da palavra. É o pão da Palavra que pervade toda a vida, com vistas, porém, a atingir o pão da mesa, onde o próprio Jesus Cristo se doa como alimento.

A reflexão teológica brotada dessa realidade tão contraditória e inclemente para as massas excluídas dos nossos povos do nosso extenso a fome de Deus será sempre a questão mais decisiva, mas a fome do pão nosso de cada dia continua sendo a questão mais urgente. É essa que determina a caminhada histórica de fé dos nossos povos.

Maria coloca-se do lado dessas pessoas quando proclama que a vida está chegando porque...

... as pessoas desamparadas são socorridas

Com esta afirmação, Maria entra em defesa das pessoas largadas ao próprio abandono; a fala da mulher de Nazaré proclama que Deus não é um desertor: ele não deixa de sustentar, de segurar e de amparar as vítimas dessa situação. O grito de Maria sai de um contexto de desterro; é um grito que exige a realização do tempo dinamizador da vida.

A felicidade coletiva depende de um conjunto de condições sociais e religiosas que a possibilitem. E é aqui que se nos dá a conhecer um dos sinais concretos da bondade de Deus, bondade aclamada fortemente pela mulher de Nazaré. Os sentimentos que se passam dentro dela podem ser traduzidos da seguinte maneira, partindo da realidade em que vivemos e sofremos:

- Maria aprova a felicidade terrena e transterrena que brota da justiça divina;
- diz em alta voz que as pessoas excluídas são tratadas por Deus com afeição, brandura e que merecem o título de *pessoas bem-amadas, queridas*;
- e anuncia, com toda a sua fé e com toda a dinâmica do Espírito de Deus que a pervade, a graça encarnada de Javé com essas palavras: Deus veio em socorro de Israel com sua bondade; e veio como dissera aos nossos pais, começando por Abraão e sua descendência para sempre (cf. Lc 1,54), isto é, os deserdados da história contam com descendência imortal.

A mística do cântico do *Magnificat* encontra forte expressão na proclamação do Salmo 21, em que se apresenta um acento messiânico no sentido de dar esperança aos povos. Por isso é aplicado à liturgia do Novo Testamento, na celebração litúrgica da festa de Cristo Rei. A coroa é sempre um sinal de consagração e o ouro puro, como preciosidade da terra, acompanha o ritual da coroação consagrada (cf. Ex 39,30).

Maria é Rainha porque participa da realeza que Cristo dá a seu povo, como povo escolhido. Ela é uma mulher do povo e com o povo participa de tudo aquilo que lhe é conferido pela graça salvadora de Cristo, por obra do Espírito Santo.

O Salmo 21 a seguir é adaptado e aplicado em primeiro lugar ao Rei-Messias esperado pelo povo de Israel. E, em segundo lugar, se estende, como alegoria, a Nossa Senhora, figura da Igreja que gera filhos e filhas do povo santo de Deus.

Meu coração transborda num belo poema,
eu dedico minha obra a um rei,
minha língua é a pena de um ágil escritor.

És o mais belo dos filhos dos homens,
a graça escorre dos teus lábios,
porque Deus te abençoa para sempre.

Teu trono é de Deus, para sempre e eternamente!
O cetro do teu reino é o cetro da retidão!
Amas a justiça e odeias a iniquidade.

Nos palácios de marfim, o som das cordas te alegra,
entre as tuas amadas estão as filhas do rei;
à tua direita uma dama ornada com ouro de Ofir.

Que o rei se apaixone com tua beleza:
prostra-te à sua frente, pois ele é teu Senhor!
Filha de Tiro alegrará teu rosto com seus presentes,
e os povos mais ricos com muitas joias cravejadas de ouro.

Vestida com brocados, a filha do rei é levada para dentro
até o rei com uma comitiva de virgens.
Introduzem as companheiras destinadas a ela
e com júbilo e alegria elas entram no palácio do rei.

Em lugar de teus pais virão teus filhos,
e os farás príncipes sobre toda a terra.
Celebrarei teu nome de geração em geração,
e os povos te louvarão para sempre e eternamente.

Glória ao Pai, ao Filho e ao Espírito Santo
Assim como era no princípio, agora e sempre,
pelos séculos dos séculos. Amém!

No Cântico dos Cânticos, as filhas de Sião são convidadas a ver a Mãe-Rainha que coroa seu filho no dia das núpcias. Das palavras do poeta alarga-se para a inspiração cristã já tardia, para o contexto da Mãe do Rei-Messias que transita no universo religioso e na expectativa do povo israelita. A dignidade da mulher coroada lhe vem de haver gerado seu filho para a humanidade.

Maria é Mãe porque acolheu em si mesma o Salvador do mundo e o doa a todos os povos. A Mãe Aparecida é Rainha porque gera o Verbo e serve ao projeto salvífico do Pai, doando a Palavra encarnada à humanidade inteira.

Concluindo

A fé do nosso povo vê na coroação o mérito que a Mãe Aparecida tem de ser Rainha e Mãe. Rainha porque toma conta dos corações sofridos e do coração de cada pessoa que a ela recorre. Não é uma Rainha como as da terra, mas como Mãe que se preocupa com seus filhos e filhas.

Esta Rainha e Mãe é encontrada na Bíblia, no Antigo Testamento e no Novo Testamento no Livro do Apocalipse. Como Mãe e Rainha defende a humanidade e luta contra o mal representado pelo dragão. Desse modo, faz sobressair o bem e vem do céu para nos alertar quando é preciso. Como Rainha, convoca a todos para o compromisso do Reino de seu filho Jesus que é o Filho de Deus Pai.

IX À Mãe Aparecida nos consagramos para servir

A Consagração a Nossa Senhora da Conceição Aparecida nos remete a cada um dos capítulos elaborados no livro tricentenário. Apresenta-nos as pessoas que atuaram nesse célebre encontro da Mãe Aparecida com seus filhos e filhas a partir das águas do Rio Paraíba até a coroação e a consagração à Mãe Aparecida. É um encontro que continua fazendo a História da Salvação de grande parte dos povos do Brasil.

O ato de consagração, ou melhor, de dedicação, de acolhida, de entrega a Maria vem intimamente ligado à relação de Nossa Senhora e do povo que se consagra com a Santíssima Trindade, fonte e meta de todo culto. A consagração a Maria é um sacramental, isto é, aponta para o sacramento que é Cristo.

Maria participa da consagração de Cristo como Filho de Deus, e a pessoa que se consagra tem como fundamento os sacramentos do Batismo e da Confirmação. Tendo como garantia a aceitação dos nossos pastores, faz sentido para a espiritualidade mariana o ato de consagração pelos méritos de Nosso Senhor Jesus Cristo e a cooperação de Maria na História da Salvação.

Ó Maria Santíssima, pelos méritos de Nosso Senhor Jesus Cristo, em vossa querida imagem de Aparecida, espalhais inúmeros benefícios sobre todo o Brasil.

Eu, embora indigno de pertencer ao número de vossos filhos e filhas, mas cheio do desejo de participar dos benefícios de vossa misericórdia, prostrado a vossos pés: consagro-vos o meu entendimento, para que sempre pense no amor que mereceis; consagro-vos a minha língua, para que sempre vos louve e propague a vossa devoção; consagro-vos o meu coração, para que, depois de Deus, vos ame sobre todas as coisas.

Recebei-me, ó Rainha incomparável, vós que o Cristo crucificado deu-nos por Mãe, no ditoso número de vossos filhos e filhas; acolhei-me debaixo de vossa proteção; socorrei-me em todas as minhas necessidades, espirituais e temporais, sobretudo na hora de minha morte.

Abençoai-me, ó celestial cooperadora, e, em vossa poderosa intercessão, fortalecei-me em minha fraqueza, a fim de que, servindo-vos fielmente nesta vida, possa louvar-vos, amar-vos e dar-vos graças no céu, por toda eternidade. Assim seja!

Somos um povo de muitas raças e cores, de muitas crenças e dores e de muito amor e inspiração mariana com flores. Por isso, ofertamos à Mãe Aparecida as flores da nossa vida atentos à Palavra de Deus, que nos fala da gratidão por sermos chamados à filiação divina antes da fundação do mundo.

Palavra de Deus: Carta aos Efésios (cf. Ef 1,1-5)

Agradeçamos ao Deus e Pai do nosso Senhor Jesus Cristo, pois ele nos tem abençoado por estarmos unidos com Cristo, dando-nos todos os dons espirituais do mundo celestial. Antes da criação do mundo, Deus já nos havia escolhido para sermos dele por meio da nossa união com Cristo, a fim de pertencermos somente a Deus e nos apresentarmos diante dele sem culpa.

Por causa do seu amor por nós, Deus já havia resolvido que nos tornaria seus filhos, por meio de Jesus Cristo, pois este era o seu prazer e a sua vontade. Portanto, louvemos a Deus pela sua gloriosa graça, que ele nos deu gratuitamente, por meio do seu querido Filho. Pois, pela morte de Cristo na cruz, nós somos libertados, isto é, os nossos pecados são perdoados. Como é maravilhosa a graça de Deus, que ele nos deu com tanta fartura!

Peçamos à Mãe Aparecida que nos ensine a ouvir a Palavra de Deus e a pô-la em prática com a oração de intercessão a ela, junto a seu filho Jesus, como fizeram os três humildes pescadores que encontraram a Mãe nas águas do Rio Paraíba.

Oração

Como os três pescadores tocaram as águas do Rio Paraíba que evoca o seio de nossa Mãe Aparecida, nós também queremos tocar a bondade e a ternura do nosso Pai. Ele acolhe cada um de nós para nos ensinar o caminho certo da vida sobre esta terra e deixa que a Mãe de seu Filho Jesus participe dos benefícios da infinita misericórdia divina.

A história dos três pescadores proclama a revelação de um Deus que se faz presente na sua criação. Esse Deus nos acolhe como as águas do Rio Paraíba acolheram a imagem da Mãe Aparecida e como os pescadores com respeito trataram os pedaços do corpo sagrado de uma Mãe que participa da revelação divina, porque é a Mãe de Deus.

Consagrar-se é doar-se

Ó, Minha Senhora e também minha mãe
Eu me ofereço inteiramente todo(a) a vós
E, em prova da minha devoção,
Eu hoje vos dou meu coração.

Consagro a vós meus olhos, meus ouvidos, minha boca.
Tudo o que sou, desejo que a vós pertença.
Incomparável mãe, guardai-me e defendei-me,
Como filho(a) e propriedade vossa. Amém!
Como filho(a) e propriedade vossa. Amém!

Ó, Minha Senhora e também minha mãe
Eu me ofereço inteiramente todo(a) a vós.
E, em prova da minha devoção,
Eu hoje vos dou meu coração.

Aparecida

Consagro a vós meus olhos, meus ouvidos, minha boca
Tudo o que sou, desejo que a vós pertença.
Incomparável mãe, guardai-me e defendei-me,
Como filho(a) e propriedade vossa. Amém!
Como filho(a) e propriedade vossa. Amém!
(Fátima M. Gabrielli - DR)

Esta consagração nos remete ao segundo capítulo, em que invocamos a Mãe Aparecida como inspiração para a mulher dos tempos modernos. Nesta intenção, façamos uma oração cheia de fé e de esperança por dias melhores e horizontes generosos e largos em solidariedade:

Rezemos

Senhor da vida e da criação, tu nos deste a Mãe Aparecida que testemunha a vocação da mulher de hoje: a de ser a alma dos fatos da História da Salvação de seu povo. Ela encarna o espírito desses fatos, identifica Deus e seu mistério na história de milhões de mulheres, sobretudo dos meios populares de todos os continentes. Esta Mãe afirma um Deus histórico, porque intervém com sua justiça, um Deus ético, porque liberta. Daí nasce a identificação de tantas mulheres pobres com Maria de Nazaré do *Magnificat*.

Um novo céu e uma nova terra despontam no mistério de Deus que transcende a questão de gênero. Depois de um longo tempo, a mulher começa agora sair de sua caverna e aprende com o homem a ser pai, sem deixar de ser mãe. Guarda-se firme esperança de que o homem, em bem menos tempo, possa voltar a casa e aprender com a mulher a ser mãe, sem deixar de ser pai. É um processo em andamento, sobretudo nas novas gerações.

É o retorno da espiritualidade irrompante do Espírito que vem em socorro da nossa fraqueza e intercede por nós com gemidos que não sabemos explicar. Em tal situação, invocamos a Mãe que nos precede por onde ir e como caminhar.

Palavra de Deus: a companhia feminina de Jesus (cf. Lc 8,1-3)

Jesus andava por cidades e povoados pregando e anunciando a Boa-Nova do Reino de Deus. Os doze o acompanhavam, assim como mulheres que escutavam e praticavam os ensinamentos que Jesus pregava e tinham sido curadas de doenças. Maria, chamada Madalena, Joana, mulher de Cuza, o procurador de Herodes, Suzana e várias outras que o serviam com seus bens e seguiam Jesus porque lhes falava ao coração.

A santa que une e reúne as famílias sempre propõe uma prática que constrói o Reino. Renova os costumes de mulheres e homens cristãos que vivem em família e para além dela, sobretudo em nossos tempos de grandes descobertas da comunicação. O núcleo humano da família é profundamente afetado pela cultura moderna que atinge a identidade das tradições e crenças que as famílias cultivam e guardam com respeito. Não raras vezes vivem uma tensão que se manifesta como necessidade moral e espiritual própria de pessoas:

- sedentas de participação e de solidariedade,
- atormentadas pela violência e pelas guerras,
- prostradas pelo desemprego e pela sensação de impotência,
- assaltadas por aspirações sem limites,
- perturbadas na mente e divididas em seu coração,
- suspensas diante da doença e do mistério da morte,
- e ao mesmo tempo famintas de comunhão.

Dentro deste quadro, Maria é a figura terna e esperançosa que contemplamos como a mulher que já alcançou a Comunhão das Santas e dos Santos do céu. Maria mostra para a família de hoje um horizonte sereno e tem uma palavra que tranquiliza e dá segurança. É a palavra que vamos rezar juntos:

- da vitória e da esperança sobre a angústia,
- da comunhão sobre a solidão,
- da paz sobre a perturbação e o medo,
- da alegria e da beleza sobre o tédio e a náusea,
- das perspectivas eternas sobre as temporais,
- e da vida plena sobre a morte certa.

Palavra de Deus: como é a família de Nazaré (cf. Lc 2,39-40.50-52)

Depois de fazer tudo o que a lei mandava quando uma criança nascia, Maria e José voltaram para Nazaré, sua cidade. E o menino crescia, tornava-se robusto, enchia-se de sabedoria; e a graça de Deus estava com ele. Depois de ter estado no templo de Jerusalém por ocasião da festa da Páscoa judaica, Jesus desceu com Maria e José para Nazaré e era-lhes submisso. Jesus crescia em sabedoria, em estatura e em graça, diante de Deus e diante dos homens.

Padre Zezinho, o missionário que evangeliza com suas composições inspiradas numa teologia pastoral ao alcance das nossas famílias, deixa-nos esta súplica em forma de um melodioso canto:

Oração pela família

Que nenhuma família comece em qualquer de repente
Que nenhuma família termine por falta de amor
Que o casal seja um para o outro de corpo e de mente
E que nada no mundo separe um casal sonhador!

Que nenhuma família se abrigue debaixo da ponte
Que ninguém interfira no lar e na vida dos dois
Que ninguém os obrigue a viver sem nenhum horizonte
Que eles vivam do ontem, do hoje em função de um depois

Que a família comece e termine sabendo onde vai
E que o homem carregue nos ombros a graça de um pai
Que a mulher seja um céu de ternura, aconchego e calor
E que os filhos conheçam a força que brota do amor!

Abençoa, Senhor, as famílias! Amém!
Abençoa, Senhor, a minha também.

Abençoa, Senhor, as famílias! Amém!
Abençoa, Senhor, a minha também.

Que marido e mulher tenham força de amar sem medida
Que ninguém vá dormir sem pedir ou sem dar seu perdão
Que as crianças aprendam no colo, o sentido da vida
Que a família celebre a partilha do abraço e do pão!

Que marido e mulher não se traiam, nem traiam seus filhos
Que o ciúme não mate a certeza do amor entre os dois
Que no seu firmamento a estrela que tem maior brilho
Seja a firme esperança de um céu aqui mesmo e depois

Que a família comece e termine sabendo onde vai
E que o homem carregue nos ombros a graça de um pai
Que a mulher seja um céu de ternura, aconchego e calor
E que os filhos conheçam a força que brota do amor!

Abençoa, Senhor, as famílias! Amém!
Abençoa, Senhor, a minha também.

Abençoa, Senhor, as famílias! Amém!
Abençoa, Senhor, a minha também.

(Pe. Zezinho, scj – CD-6513-7 –
Sol nascente, sol poente – Paulinas-COMEP.)

A fé no sinal das velas nos remete ao quarto capítulo, em que vamos interceder pelo dom da nossa fé. Por esta intenção, peçamos ao Senhor a graça de ouvir com proveito a Palavra de Deus, que ele nos dirige pelo Evangelho de João.

Palavra de Deus: aparições aos discípulos (Jo 20,24-29)

Ora, Tomé, um dos doze, chamado Dídimo, não estava com eles quando veio Jesus. Disseram-lhe, pois, os outros discípulos: "Vimos o Senhor". Mas ele disse-lhes: "Se eu não vir o sinal dos cravos em suas mãos, e não puser o meu dedo no lugar dos cravos, e não puser a minha mão no seu lado, de maneira nenhuma o crerei". E oito dias depois estavam outra vez os seus discípulos dentro, e com eles Tomé. Chegou Jesus, estando as portas fechadas, apresentou-se no meio deles e disse: "A paz esteja convosco!". Depois disse a Tomé: "Põe aqui o teu dedo, e vê as minhas mãos; e chega a tua mão, e põe-na no meu lado; e não sejas incrédulo, mas fiel". E Tomé respondeu, e disse-lhe: "Meu Senhor e meu Deus!". Disse-lhe Jesus: "Porque me viste, Tomé, creste; bem-aventurados os que não viram e todavia, creram".

Rezemos

Senhor Jesus, pela intercessão da Mãe Aparecida, faze-nos como **a cera** que vem da abelha símbolo do nosso labor de cada dia, do nosso trabalho suado e tantas vezes sofrido; dá que sejamos **o pavio** aceso que produz a chama da vela e sobe em direção ao céu; torna-nos como **o ar** que balança a chama da nossa fé e pode até apagar o fogo produzido pela chama, se não tivermos o cuidado de interceder pela tua graça.

Para que tua Mãe nos ajude a sermos fiéis à nossa consagração batismal, proclamemos a Ladainha de intercessão:

Arca da Nova Aliança,
Todos: Torna-nos participantes do Reino.

Mãe de Deus e da humanidade,
Todos: Olha por nós, teu povo!

Esposa do Espírito Santo,
Todos: Faze-nos templos desse Espírito!

Mãe educadora,
Todos: Eduque-nos para teu Filho Jesus!

Presença sacramental,
Todos: Dá-nos Jesus, Sacramento do Pai!

Protagonista da História,
Todos: Torna-nos pessoas construtoras

Mulher livre e libertadora,
Todos: Faze-nos pessoas livres!

A libertação do escravo Zacarias nos introduz no quinto capítulo, com esta breve ladainha de ação de graças:

Mãe da graça divina, *NÓS TE AGRADECEMOS!*
Mãe dos oprimidos, *NÓS TE AGRADECEMOS!*
Mãe dos libertados, *NÓS TE AGRADECEMOS!*

Defesa dos inocentes, *LEMBRADO SEJA TEU NOME!*
Coragem dos perseguidos, *EXULTE TEU CORAÇÃO!*
Alívio dos acorrentados, *DEMOS GRAÇAS A DEUS PAI!*

Cordeiro de Deus que tirais o pecado do mundo, *PERDOAI-NOS, SENHOR!*
Cordeiro de Deus que tirais o pecado do mundo, *OUVI-NOS, SENHOR!*
Cordeiro de Deus que tirais o pecado do mundo, *TENDE PIEDADE DE NÓS!*

Oração

Ó Deus, fiel à Aliança e às promessas, que em Maria realizastes a encarnação da graça da caída das correntes que escravizavam o nosso irmão de fé Zacarias, fazei que nós também nos deixemos vencer pelo barulho das correntes que nos impedem de chegar sempre mais perto de Ti e dos teus mandamentos de vida, de liberdade e de serviço diante dos teus apelos de amor. Por Cristo nosso Senhor. Amém!

Os olhos da menina, os quais viram a capelinha no morro, nos remetem ao sexto capítulo. *Palavra de Deus: O cego Bartimeu* (cf. Mc 10,42-56):

> *Sentado à beira do caminho, quando percebeu que era Jesus que passava no meio da multidão gritou: "Jesus, Filho de Davi, tem compaixão de mim!" E muitos o repreen-*

> *diam para que calasse, mas ele gritava mais ainda: "Jesus, Filho de Davi, tem compaixão de mim!" Detendo-se Jesus disse: "Chamai-o!" Chamaram o cego dizendo-lhe: "Coragem, ele te chama. Levanta-te". Deixando o manto deu um pulo e foi até Jesus, que lhe disse: "Que queres que te faça?" O cego respondeu: "Rabbuni, que eu possa ver novamente!" Jesus disse-lhe: "Tua fé te salvou". No mesmo instante ele recuperou a vista e o seguia no caminho.*

Os olhos são as janelas da fé e veem tudo aquilo que a fé deseja ver e apalpar com as próprias mãos. Os olhos da menina encontram-se com os olhos da Mãe Aparecida, e os olhos das duas amigas trocam gentilezas, se abrem para a luz do dia e a luz da vida, que busca sua plenitude já neste lugar.

A fé que toca o coração humano do comerciante de pedras preciosas nos remete ao sétimo capítulo do nosso livro, convocando-nos a proclamar o salmo da misericórdia divina.

Piedade, ó Senhor (Sl 51 – CNBB)

Tende piedade, ó meu Deus, misericórdia!
Na imensidão de vosso amor, purificai-me!
Do meu pecado todo inteiro me lavai
E apagai completamente a minha culpa.

Eu reconheço toda a minha iniquidade,
O meu pecado está sempre à minha frente,
Foi contra vós, só contra vós que eu pequei
E pratiquei o que é mau aos vossos olhos!

Criai em mim um coração que seja puro,
Dai-me de novo um espírito decidido.
Ó Senhor, não me afasteis de vossa face
Nem retireis de mim o vosso santo espírito!

Dai-me de novo a alegria de ser salvo
E confirmai-me com espírito generoso!
Abri meus lábios, ó Senhor, para cantar
E minha boca anunciará vosso louvor!

Demos glória a Deus Pai onipotente!
E a seu Filho Jesus Cristo, Senhor nosso
E ao Espírito que habita em nosso peito.
Pelos séculos dos séculos. Amém!

Oração

Pai santo, abriste as portas da tua misericórdia para que a mulher profética do *Magnificat* cantasse as maravilhas da misericórdia divina que se estende de geração em geração.

Do *Magnificat* ao pé da cruz, a participação de Maria na tua misericórdia chegou a assumir dimensões universais. Como Mãe do Crucificado Ressuscitado, entrou no santuário da tua misericórdia divina porque participou intimamente no mistério do teu amor. Faça com que a sua intercessão chegue sempre mais perto de nós e nos conceda o perdão de nossas faltas.

Salve, ilustre Mãe da misericórdia divina, volve a nós a ternura dos teus olhos e, como Arca da Aliança, nunca te canses de nos fazer pessoas dignas de contemplar o rosto da misericórdia do teu filho Jesus! Por isso te dirigimos a oração antiga e sempre nova da Salve-Rainha!

Salve, Rainha
Mãe de misericórdia
Vida doçura, esperança nossa, salve!

A vós bradamos, os degredados filhos de Eva.
A vós suspiramos gemendo e chorando neste vale de lágrimas!

Eia! Pois, advogada nossa, esses vossos olhos
misericordiosos a nós volvei!

Depois deste desterro mostrai-nos Jesus,
Bendito fruto do vosso ventre!

Ó clemente, ó piedosa,
ó doce sempre Virgem Maria!

Rogai por nós, Santa Mãe de Deus,
para que sejamos dignos das promessas de Cristo. Amém!

A Rainha e Mãe dos pobres é invocada por milhares de romarias que chegam e partem da Casa da Mãe. Esta invocação nos leva para o oitavo capítulo da celebração tricentenária. Maria visita Isabel e é visitada pelas pessoas de fé.

Palavra de Deus: a visitação (Lc 1,39-45)

Naqueles dias, Maria pôs-se a caminho para a região montanhosa, dirigindo-se apressadamente a uma cidade de Judá. Entrou na casa de Zacarias e saudou Isabel. Ora, quando Isabel ouviu a saudação de Maria, a criança lhe estremeceu no ventre e Isabel ficou repleta do Espírito Santo. Com um grande grito, exclamou: "Bendita és tu entre as mulheres e bendito o fruto de teu ventre! Donde me vem que a mãe do meu Senhor me visite? Pois quando tua saudação chegou aos meus ouvidos, a criança estremeceu de alegria em meu ventre. Feliz aquela que creu, pois o que lhe foi dito da parte do Senhor será cumprido!"

A realeza de Maria se dá a conhecer e chega às pessoas pobres pela sua ternura e pelo seu cuidado em atender às necessidades de cada pessoa que a invoca. Maria participa da realeza de seu Filho sempre que o serviço gratuito e querido por Deus faz, de cada pessoa batizada, uma pessoa participante da mesma realeza da qual se reveste o serviço trazido por Jesus Cristo. Ele o realizou no seu significado mais profundo, na Última Ceia.

Maria é Rainha e Mãe dos pobres porque proclama que a vida está chegando para as pessoas humildes, pois estas serão exaltadas. A vida brota para as pessoas famintas, porque estas serão saciadas. E o socorro divino está chegando para as pessoas desamparadas, porque estas serão socorridas, economicamente e na sua dignidade humana.

Diante das expressões mais simples e modestas que o povo romeiro vier a fazer com relação a Mãe Aparecida, elas nascem de uma fé autêntica. No Documento de Aparecida, nossos bispos disseram que a religiosidade popular é lugar teológico a partir do qual as pessoas estudiosas elaboram as várias concepções da mesma fé, mas de um jeito mais elegante.

Maria é invocada pelas pessoas de tantas romarias. Mas, para além das múltiplas manifestações de fé, ela inspira poetas e gênios, implora por estrangeiros e nautas, reza pela Criação do Pai, suplica pelo mendigo e pelo ingrato, para levar tanta gente a rezar baixinho: Ave, Maria! A nossa língua, "última flor do Lácio inculta e bela", descreve com reverência a hora divina da Ave-Maria!

Queremos, nesta prece final, incluir todas as pessoas que aceitam Maria como a Mãe do Filho de Deus, Jesus, mesmo aquelas que professam fé numa religião diferente da nossa e com uma linguagem também diferente.

Dai-nos a bênção
Ó Mãe querida
Nossa Senhora Aparecida

Sob esse manto
Do azul do céu
Guardai-nos sempre
no amor de Deus

Do povo em prece
Ouve o clamor
Ó Mãe querida
Do Salvador

Conclusão

Todas as pessoas agraciadas das quais falamos neste livro pastoral caminharam, desinstalaram-se de seu lugar para conseguir aquilo que queriam e precisavam para viver a vida em abundância, como disse Jesus: "Eu vim trazer vida para todos e vida em abundância".

Assim foi com as famílias que saíam de suas casas e se reuniam em torno ao pequeno altar de Nossa Senhora. O mesmo se deu com os três pescadores que encontraram a imagem nas águas do Rio Paraíba. Subiram e desceram nas águas daquele rio por várias vezes até encontrarem os peixes para o jantar programado.

Precisamos contar ainda com as pessoas beneficiadas com graças de cura, de mudança de vida para melhor. Além do mais, a própria Santa da Conceição Aparecida mudou de lugar várias vezes durante os primeiros anos de veneração e rezas fervorosas daquelas famílias que buscavam, junto à Virgem, a luz de que necessitavam para ver os sinais de Deus e o barulho da caída das correntes que, naquela época, aprisionavam tantos escravos e escravas.

A figura de Maria que caminha no meio dos romeiros e romeiras, no meio do povo caminhante, evoca o símbolo religioso do peregrino, figura de todas as pessoas que povoam a terra. O peregrino faz sua caminhada para alcançar o Paraíso perdido. Dentre as muitas ocupações e pré-ocupações que invadem o coração, a mente e o pensamento das pessoas que peregrinam, a única coisa que elas buscam mesmo é a cidade definitiva da pátria celestial.

Por isso, o povo gosta tanto de peregrinações, sobretudo aos santuários dedicados a Nossa Senhora. No Santuário de Aparecida o povo celebra a felicidade e a comunhão de se sentir imerso numa multidão de gente que acredita e que venera a mesma Mãe, a Mãe de Jesus, a Mãe da Igreja. Junto com esta Mãe o povo se sente seguro e caminha na direção do Pai.

A grande riqueza que a piedade popular nos traz é essa sensibilidade do caminhar juntos, caminhar em peregrinação. E aqui se deve dar espaço à presença de Nossa Senhora. Ela e seu mistério pertencem à identidade própria dos nossos povos que caracteriza a piedade popular. Como caminhante, o nosso povo busca os santuários marianos em peregrinação para testemunhar o transitório da situação que vive, o desprendimento interior em relação ao presente, e a ligação com o Banquete da Festa Eterna.

A presença da Mãe Aparecida junto com o Filho, o Pai que acolhe a todos e o Espírito que doa a atmosfera festiva da convivência formam juntos o fio de ouro que sustenta as pérolas da grande coroa da Rainha da Paz e da Alegria. Essas pérolas simbolizam as peregrinações marianas que o povo realiza na pobreza, na purificação, na resistência e no despojamento.

A recompensa do término da caminhada terrena é viver a Igreja peregrinante no seu processo de realização, que vai avançando cada vez mais na luz da fé e na revelação de um Pai que faz história com seu povo através de seu Filho Jesus, trazido a nós pela santa que invocamos como Mãe Aparecida.

Bibliografia de referência

AVELAR, M. C.; BOFF, Lina, BUCKER, B. P. *Maria e a Trindade*. Implicações pastorais: Caminho pedagógico – Vivência da espiritualidade. São Paulo: Paulus, 2003.

BOFF, Cl. *Mariologia social*. O significado da Virgem para a sociedade. São Paulo: Paulus, 2006.

_____. *Maria na cultura brasileira*. Petrópolis: Vozes, 1995.

_____. *O cotidiano de Maria de Nazaré*. São Paulo: Salesiana, 2003.

_____. *Introdução à mariologia*. Petrópolis: Vozes, 2004.

BOFF, L. *O rosto materno de Deus*. Ensaio interdisciplinar sobre o feminino e suas formas religiosas. Petrópolis: Vozes, 2003.

_____. *A Ave-Maria*. O feminino e o Espírito Santo. Petrópolis: Vozes, 2002.

_____. *Natal: A humanidade e a jovialidade de nosso Deus*. Petrópolis: Vozes, 1976.

_____. *O Senhor é meu Pastor*. Consolo divino para o desamparo humano. Rio de Janeiro: Sextante, 2004.

_____. SPINDELDREIER, A., HARADA, H., *A oração no mundo secular*. Desafio e Chance. Petrópolis: Vozes, 1972.

BOFF, Lina. *Mariologia*. Interpelações para a vida e para a fé. Petrópolis: Vozes, 2007.

_____. *Maria na vida do povo*. Ensaios de mariologia na ótica latino-americana e caribenha. São Paulo: Paulus, 2002.

_____. Maria, a Mulher inserida no mistério de Cristo. *Atualidade Teológica/3*, julho-dezembro, pp. 25-40, 1998.

_____. O advento e a pessoa de Maria. *Convergência*, n. 313, CRB-Rio de Janeiro, p. 135-150, 1999.

_____. Maria e os pobres de Javé. *Convergência*, n. 310, p. 107-115, 1998.

BOFF, Lina, *Maria e o feminino de Deus*. Para uma espiritualidade mariana. São Paulo: Paulus, 2004.

_____. *Coroação de Nossa Senhora Aparecida*. Padroeira do Brasil – 1904-2004. São Paulo: Salesiana, 2005.

_____. *Culto e práticas de devoção a Maria* – A *Marialis Cultus* em linguagem popular. Aparecida-SP: Santuário, 2003.

_____. A misericórdia divina em Maria de Nazaré. *Convergência*, n. 276, p. 502-506, out. 1994.

_____. Maria e a mulher latino-americana. Conferência no Congresso em preparação à V CELAM no Centro Cultural e Fé de Belém-PA, 2007.

_____. Filha predileta do Pai. Conferência proferida no Simpósio Mariológico de Loja-Equador, 2010.

_____. Com Maria hacia al tercer milenio. Conferência proferida em Congresso Mariológico. México: Centro Mariano de Difusión Cultural, 1999.

_____. *De Trinitatis Mysterio et Maria*. Acta Congressu: Citta del Vaticano, 2000.

_____. A mulher toda santa e imaculada. In: COSTA, S. R. da (org.). *Imaculada Maria do Povo, Maria de Deus*. Petrópolis: Vozes, 2004, p. 105-132.

BRUNELLI, D. *O sonho de tantas Marias*. Rio de Janeiro: CRB, 1992.

BRUSTOLINI, J. J. *Senhora da Conceição Aparecida*. História da imagem da capela das romarias. Aparecida-SP: Santuário, 1979.

BUCKER, B. P. *O feminino da igreja e o conflito*. Petrópolis: Vozes, 1996.

DOCUMENTO DE PUEBLA. *Maria, Mãe e modelo da Igreja*, São Paulo: Loyola, 1979.

DORADO, A. G. *Mariologia popular latino-americana*. São Paulo: Loyola, 1992.

_____. *Maria nella teologia contemporânea*. Roma: Centro di Cultura Mariana Madre della Chiesa, 1991

FLORES, D. *La Virgen Maria al pie de la Cruz (Jn 19,25-27) em Ruperto de Deutz*. Roma: Centro di Cultura Mariana 1993.

FORTE, B. *Maria, a mulher ícone do mistério*. Ensaio de mariologia simbólico-narrativa. São Paulo: Paulus, 1991.

GRUPO DE DOMBES. *Maria no desígnio de Deus e a comunhão dos santos*. Aparecida-SP: Santuário, 2005.

JOÃO PAULO II. *Redemptoris Mater*. Carta encíclica. São Paulo: Paulinas, 1998.

_____. *Tertio Millennio Adveniente*. Roma: Facolta Marianum, 1998.

PASIN, T. G. *Senhora Aparecida*. Romeiros e missionários redentoristas na História da Padroeira do Brasil. Aparecida-SP: Santuário, 2015.

PAULO VI. *Exortação apostólica sobre o culto à bem-aventurada Virgem Maria*. São Paulo: Paulinas, 1974.

PINKUS, L. *O mito de Maria*. Uma abordagem simbólica. São Paulo: Paulinas, 1986.

PUCHE, J. A. M. *María en la Biblia y en los Padres de la Iglesia*. Madrid: EDIBESA-1, 2008.

_____. *Documentos Pontificios Marianos*. Madrid: EDIBESA-2, 2006.

RAVASI, G. *Os rostos de Maria na Bíblia*. São Paulo: Paulus, 2008.

SEBASTIANI, L. *Maria e Isabel*. Ícone da solidariedade. São Paulo: Paulinas, 1998.

SÖL, G. *Storia dei dogmi Mariani*. Academia Mariana Salesiana XV. Roma: Las-Roma, 1981.